Vanessa May

BOHO Watercolor

Flowers & Garden

EMF

EIN BUCH DER
EDITION MICHAEL FISCHER

Inhalt

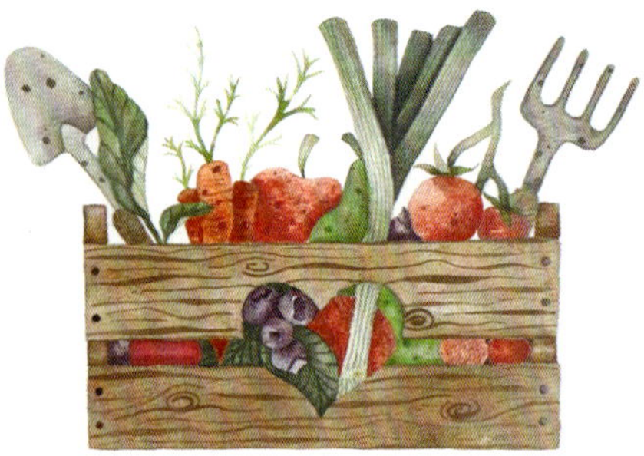

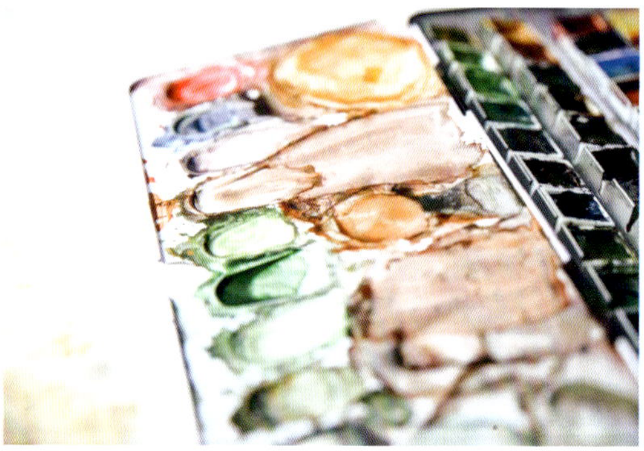

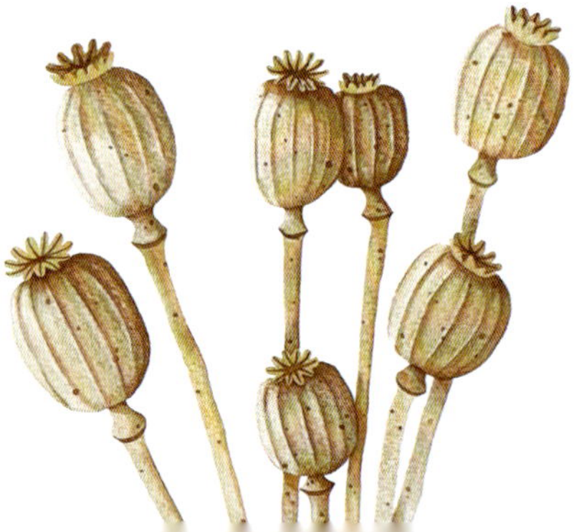

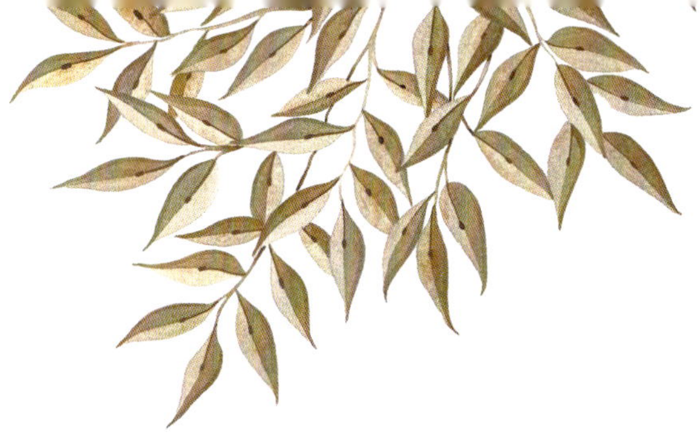

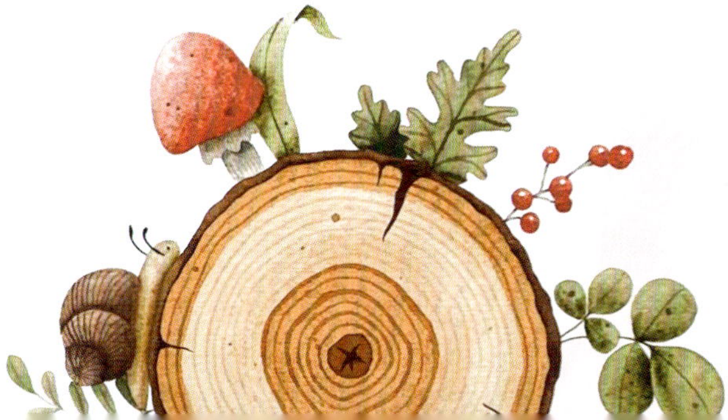

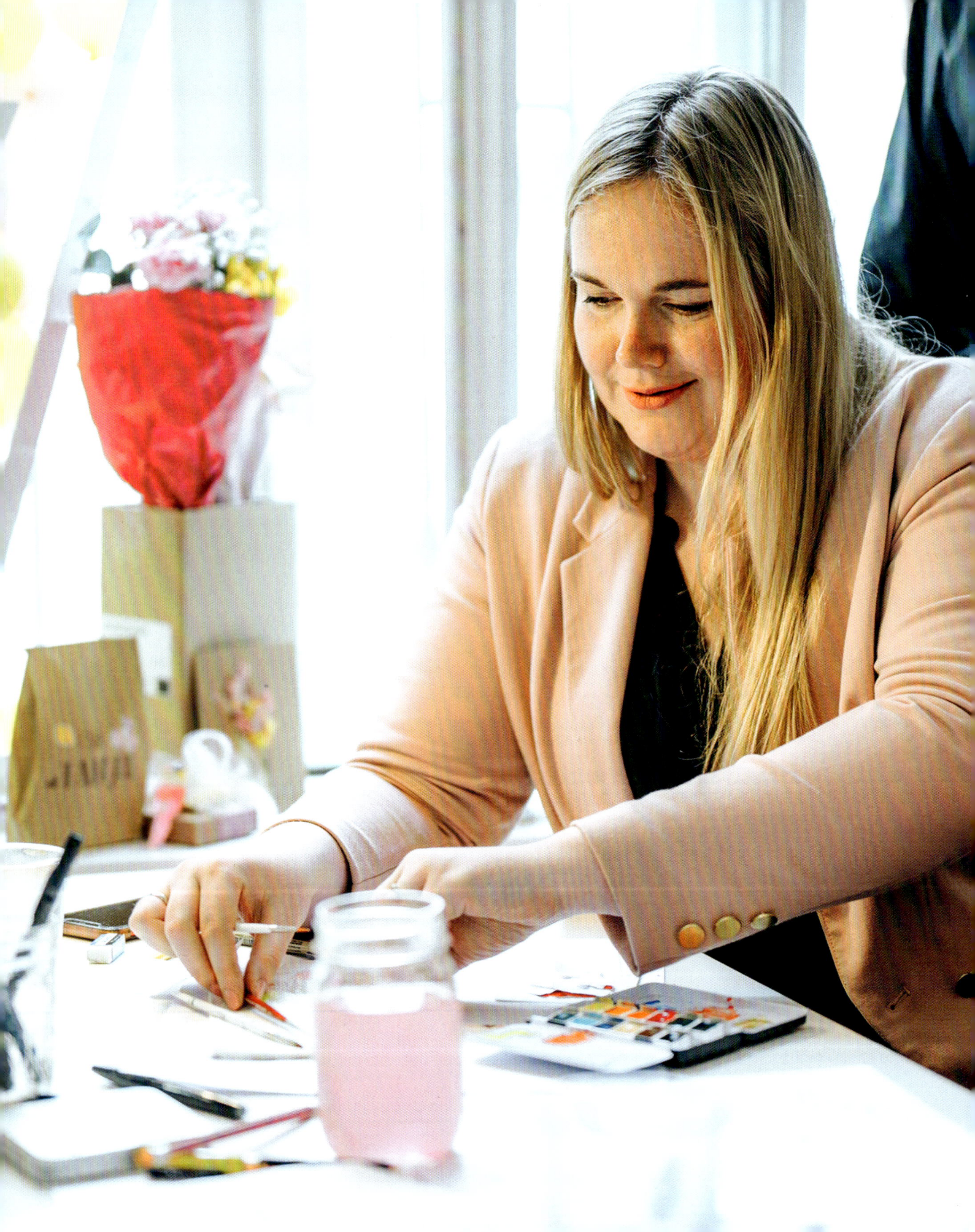

Vorwort

Herzlich willkommen in meinem blumigen Anleitungsbuch!

Mein Name ist Vanessa und ich möchte dir gleich zu Beginn deiner Malreise mein persönliches Motto ans Herz legen: What I can't do, I can learn!

Aber keine Sorge: Ich nehme dich an die Hand und möchte gemeinsam mit dir auf eine kreative Boho- und Gartenreise gehen, in der du ins Malen versinken und loslassen kannst. Fühl dich dabei immer frei, etwas auf deine Art und Weise zu malen, und dein ganzes Potenzial auszuschöpfen. Lerne mit den in den Projekten und im Grundlagenteil gezeigten Methoden, auf deine Fähigkeiten zu vertrauen. Wenn du noch Selbstzweifel hast oder Unsicherheit verspürst, kannst du natürlich auch einfach den 20 Motiven Schritt-für-Schritt folgen, um zu tollen Ergebnissen zu gelangen. Über den QR-Code unten kannst du dir auch die Vorlagen zu den Motiven herunterladen und ausdrucken, wenn du bei Vorzeichnungen noch etwas Schwierigkeiten hast.

Mir war es wichtig, sowohl für Anfänger*innen, als auch für Fortgeschrittene und Aquarellprofis so viel Input in dieses Buch zu stecken, dass wirklich alle etwas daraus ziehen können. Du wirst merken, dass ich auch viele hilfreiche Tipps im ganzen Buch mit eingebaut habe. Mein gesamtes bis jetzt gesammeltes Aquarell-Wissen steckt in den kommenden Seiten.

Seitdem ich mit diesem Buchprojekt begonnen habe, weiß ich den Gedanken noch mehr zu schätzen, dass man alles schaffen kann, solange man ganz fest an sich glaubt. Seit 2017 bin ich mit der Aquarellmalerei stetig am Ball geblieben, habe mich fortgebildet, mir vieles selbst angeeignet und aus meinen eigenen Fehlern gelernt, um es beim nächsten Projekt besser zu machen. Schaue ich mir jetzt alte Bilder aus meiner Anfangszeit an, muss ich selbst schmunzeln und sehe, wie viele Fortschritte ich gemacht habe.

Geduld, Mühe und Zeit sind die Schlüsselwörter, die dich weiterbringen werden. Gib bitte nicht zu schnell auf, wenn deine ersten Ergebnisse anders aussehen als die Bilder im Buch. Es ist dein Werk und du hast es in deiner kreativen Zeit, die du dir in diesem Moment genommen hast, geschaffen. Selbst, wenn es dir nicht gefällt, kannst du immerhin lehrreiche Rückschlüsse daraus ziehen und lernen, was du beim nächsten Mal besser machen kannst. Genauso ging es auch mir zu Beginn, und ich darf nun nach einigen Jahren mein eigenes Buch in den Händen halten.

Ich bin der festen Überzeugung, dass einige ihre Träume nicht verfolgen, weil sie Angst haben, zu scheitern. Mach das, was dir Spaß macht und gib dein ganzes Herzblut hinein. So abgedroschen es klingt: Du schaffst es! Ich glaube an dich, also mach dein Ding.

Fühl dich gedrückt und viel Spaß beim Malen!

Zum Download der Vorlagen QR-Code scannen oder das Buch unter www.emf-verlag.de suchen und dort „Downloads" anklicken.

Vanessa

Deine Vanessa aka @mrs.may

Grundlagen

Farben, Pinsel und Co.

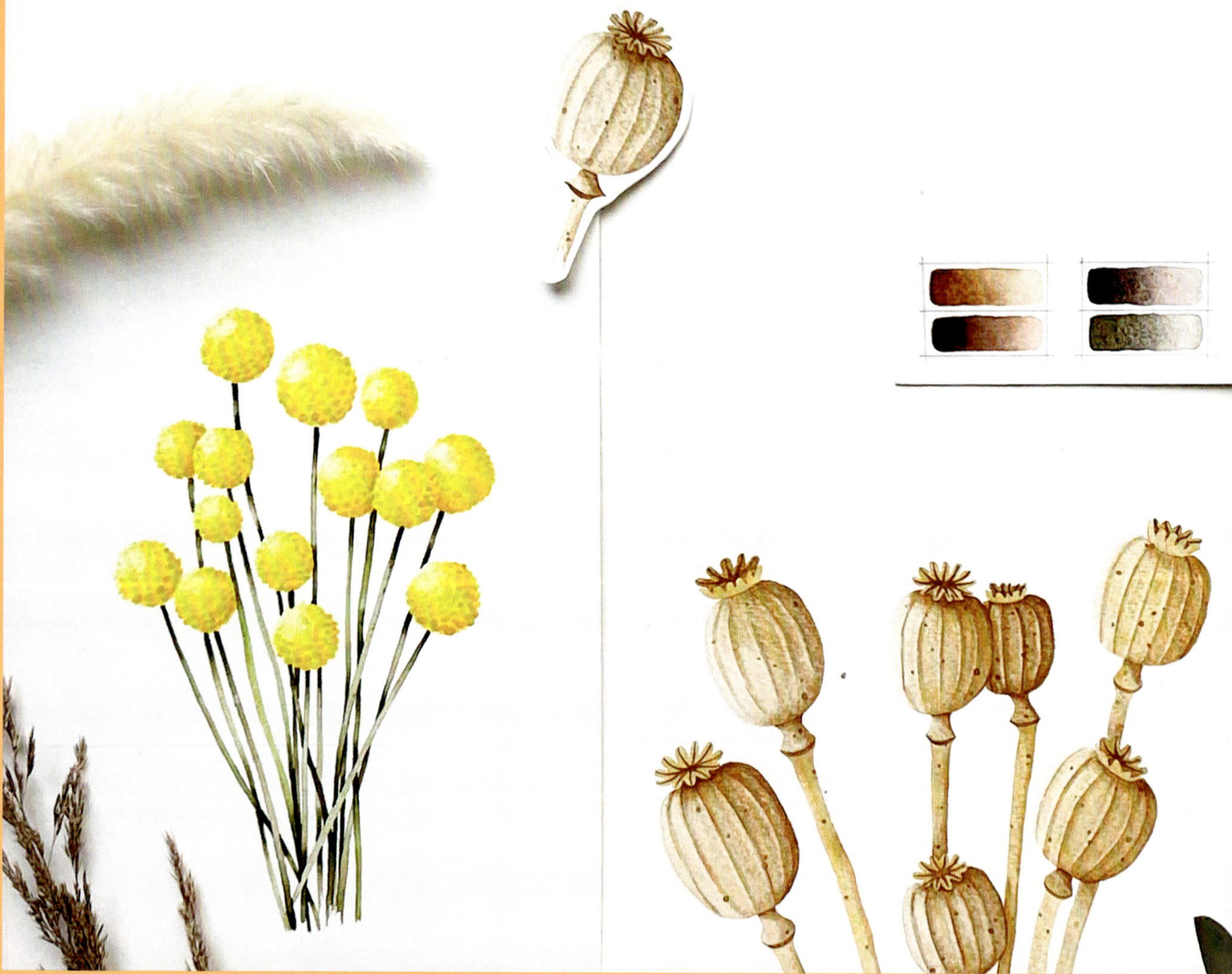

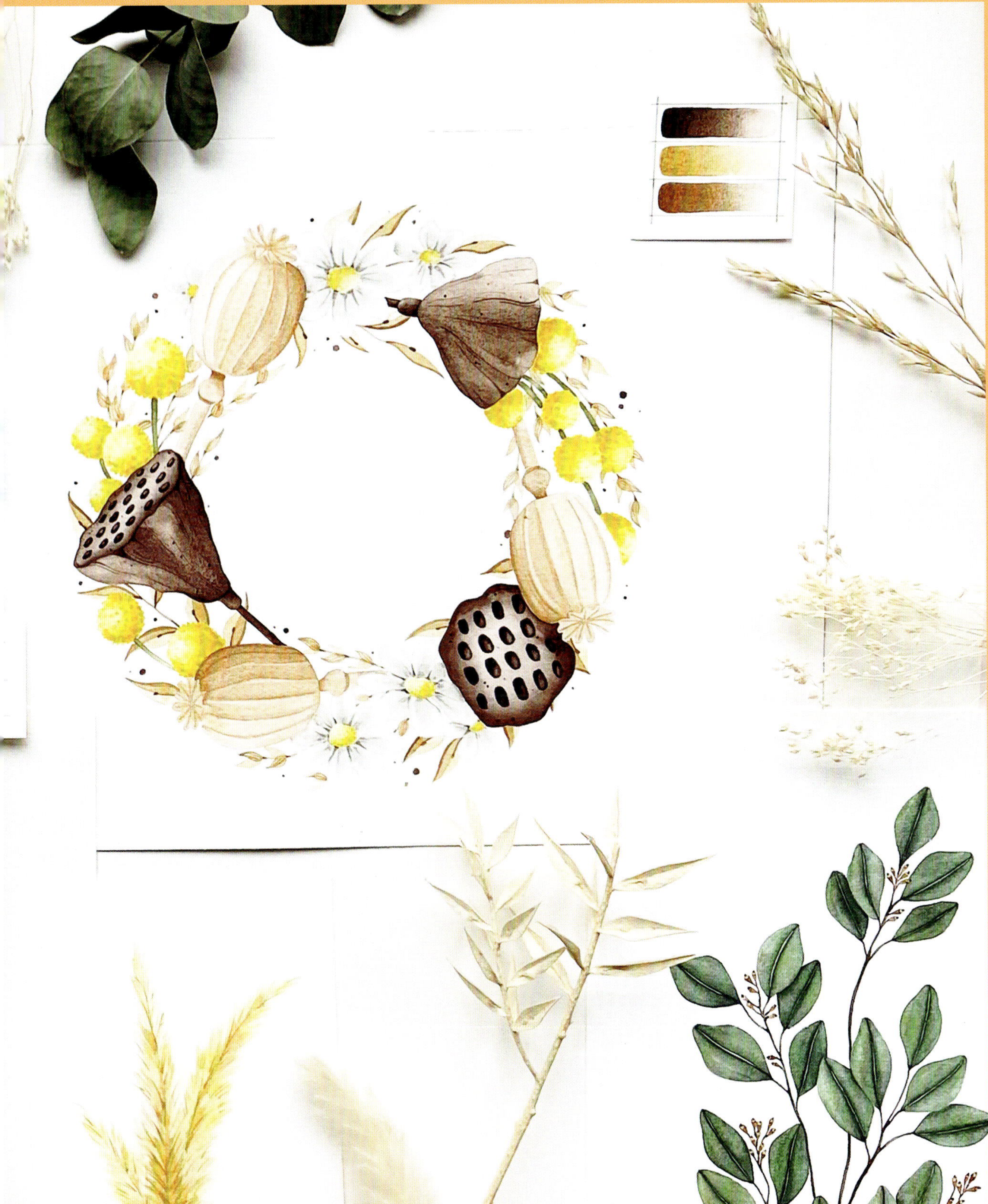

Material

Als Neueinsteiger*in wird man oft erschlagen von Produkten, die im ersten Augenblick alle gleich aussehen. Welches Papier ist für welche Technik geeignet, welche Grammatur (und was bedeutet dieses Wort eigentlich?) muss es haben, und wie viel Baumwollanteil sollte ein gutes Aquarellpapier haben? Das sind allein die Fragen, die ich mir zum Papier gestellt habe, und wahrscheinlich gibt es dazu noch viele weitere. Und dann gibt es ja noch weitere Materialien wie Aquarellfarben, Pinsel, Bleistifte, Radiergummi etc., die auch alle für sich wichtig sind. Damit du nicht auch vor einem Fragenberg stehst und dir die Antworten alle mühsam zusammensuchen musst, will ich dir im Folgenden von meiner gesammelten Erfahrung erzählen und meine persönlichen Empfehlungen geben.

Als ich mit der Aquarellmalerei anfing, habe ich mir zunächst einen Leerkasten gekauft. Ich wollte für ihn selbstbestimmt und gezielt Farben einkaufen, die ich mochte. So habe ich nicht nur Geld gespart, sondern konnte mein neues Hobby gleich personalisieren und herausfinden, ob es auch wirklich etwas für mich ist. Denn das Schlimmste am Anfang wäre, viel Geld zu investieren und schnell zu merken, dass es einem doch nicht liegt. Mit einem Leerkasten zu starten und deine eigene Farbpalette zu gestalten, würde ich also auch dir sehr empfehlen.

Das Tolle an Fachgeschäften vor Ort ist, dass man einfach das fachkundige Personal fragen kann. Das tat ich zu Anfang auch und so kam nicht nur der Leerkasten mit den ausgesuchten Aquarellnäpfchen in den Einkaufswagen, sondern auch Papier und Pinsel, die mir empfohlen wurden. So hatte ich die Möglichkeit, mich in Ruhe mit allen Materialien zu beschäftigen und daran zu wachsen. Die ersten Kunstwerke entstanden und der Spaß wurde immer weiter ausgebaut. Durch Learning by Doing kamen bei mir nach einiger Zeit immer mehr Aha-Momente auf, die weitere spannende Besuche im Fachhandel zur Folge hatten. Scheue also auch du dich nicht, bei dir vor Ort im Fachhandel das Personal nach ihren Empfehlungen für Anfänger*innen zu fragen, wenn du allein nicht zurechtkommst. Ich bin mir sicher, sie kennen ihr Sortiment am besten und helfen dir gerne weiter, das für dich passendste Material zu finden.

Deine eigene Kreativität ist wichtiger als das perfekte Material!

Der Markt ist inzwischen überfüllt mit Materialien, sodass schnell der Kopf anfängt zu rauchen. Mir hat es sehr geholfen, meine Vorbilder zu fragen, welches Material sie nutzen. Ich bekam immer eine nette und informative Antwort zurück. Habe also keine Angst davor, auch diese Personen respektvoll anzuschreiben, wenn du etwas wissen möchtest. Deshalb gleich mein Appell an dich: Melde dich gerne jederzeit bei mir mit deinen Fragen! Sobald ich Zeit finde, antworte ich dir, versprochen.

Tipp

Kaufe anfangs wenig, aber hochwertiges Material. Günstige Produkte hemmen manchmal die Freude am Ergebnis. Man ist eher unglücklich damit und verliert schnell den Spaß am Malen.

Farben

*Das Thema „Reizüberflutung als Anfänger*in" habe ich auf der vorigen Seite schon angesprochen. Auch im Farben-Dschungel gibt es eine riesige Auswahl an Produkten von verschiedenen Herstellern mit unterschiedlichen Qualitätsmerkmalen und so weiter. Deshalb findest du im Folgenden erste Informationen zu Aquarellfarben und meinen persönlichen Präferenzen.*

Wir gehen mal einen Schritt zurück in die Vergangenheit. Erinnerst du dich an den Kunstunterricht in der Grundschule, wo man mit Farbe und Pinsel erste Bilder aufs Papier gebracht hat? Meist entstanden die kleinen Kunstwerke intuitiv und man hat sich keinen Kopf gemacht über Wasser- und Pigmentverhalten.

Warum ich das erzähle? Ich wünsche mir an erster Stelle, dass du dir deine eigene Kreativität und die Leichtigkeit, die man früher hatte, wieder ins Gedächtnis rufst. Egal, was man dir über Farbtheorie, -harmonie etc. erzählt, höre zuletzt immer auf dein eigenes Bauchgefühl.

Dein eigenes Farbempfinden ist wichtiger als jede Empfehlung.

Meine Geschichte mit dem Leerkasten, den ich mir anfangs gekauft habe, kennst du mittlerweile schon. Ich habe mir zuerst halbe Näpfchen von der Marke Schmincke zugelegt und mir intuitiv Farben ausgesucht.

Halbe Näpfchen? Was bedeutet das? Es gibt halbe und ganze Näpfchen. Das sind kleine Plastikbehälter, in die die Farben bei der Herstellung abgefüllt werden. Halbe Näpfchen sind halb so groß wie ganze Näpfchen, weshalb sie auch für den halben Preis zu haben sind. Zweiteres war ein weiterer Grund, warum ich mich anfangs für die halben Näpfchen entschieden habe; abgesehen davon, dass ich zuerst testen wollte, ob mir dieser Farbton überhaupt gefällt, bevor ich mir eine größere Menge anschaffe.

Außerdem gibt es noch Aquarellfarben in Tubenform. Diese haben die größte Abfüllmenge und werden meist für großformatige Kunstwerke benötigt. Ich persönlich würde dir zu Beginn davon abraten, denn man benötigt, wenn man vorerst kleinformatig arbeitet, gar nicht viele Pigmente für detaillierte Motive.

Tipp

Schließe unbedingt deinen Kasten, nachdem du das Malen für dich beendet hast. So können sich keine Staubpartikel auf den Farben absetzen. Diese sind lästig wieder abzubekommen und du wirst dich ärgern, wenn sie sich auf deinem Bild wiederfinden.

Folgende Hersteller benutze ich:

- Schmincke Horadam Aquarellfarben
- Winsor & Newton Prof. Water Colour
- Van Gogh Water Colour

SUPERGRANULIERENDE FARBEN

In diesem Buch siehst du (fast) ausschließlich Bilder, die mit ganz besonderen Farben gemalt wurden, nämlich mit supergranulierenden Aquarellfarben. Was das besondere an diesen Farben ist und welche Eigenschaften sie aufweisen, versuche ich dir jetzt näher zu bringen.

Einfach gesagt: supergranulierende Farben erzeugen einen optischen, sichtbaren Effekt. Die Pigmente wirken körnig und besitzen eine einmalige Struktur, durch die deine Farbflächen nicht flach wirken, sondern als ob die Farbe eine gewisse Tiefe besitzt.

Vielleicht sind dir schon mal granulierende Farben über den Weg gelaufen, denn diese sind nicht untypisch. Was aber bedeutet dann „supergranulierende" Farbe? Für solche Farben wurden bei der Herstellung schon zwei oder sogar drei granulierende Pigmente zu einer ganz neuen, individuellen Farbe kombiniert. So entstehen ungewöhnliche, aber sehr interessante Farbeffekte.

Ich arbeite größtenteils mit selbst angemischten supergranulierenden Aquarellfarben, die ich aus den granulierenden Farben der Marke Schmincke gemischt habe. Oft vermische ich sogar zwei supergranulierende Farbtöne miteinander, sodass der Effekt durchaus nochmal verstärkt wird! Natürlich kann man auch das Gegenteil erzielen; auch in diesem Buch habe ich hin und wieder eine supergranulierende Farbe mit einer traditionell pigmentierten Farbe gemischt. So kann man den Effekt auch wieder abschwächen. Was zu bevorzugen ist, kommt ganz darauf an, was man mit den Farben erzielen möchte.

Wichtig zu erwähnen ist, dass man für supergranulierende Aquarellfarben ein gutes Zusammenspiel mit Wasser und einem qualitativ hochwertigen Papier benötigt. Diese Faktoren sind ausschlaggebend für ein gutes Ergebnis. Die Pigmente müssen im Wasser schwimmen, denn so werden sie „aktiviert" und können den gewünschten Effekt erzeugen. Warte, bis deine Farbfläche getrocknet ist, erst dann sieht man die Granulierung so richtig. Achte außerdem auf einen geeigneten Untergrund. Auf das Thema Papier gehe ich auf Seite 12 genauer ein; vorab ist hier zu erwähnen: Je rauer und strukturierter das Papier, desto größer ist der Granulier-Effekt. Wenn du meine Hinweise beachtest, wirst du sehen, wie sich einzigartige Zusammensetzungen des Effekts bilden!

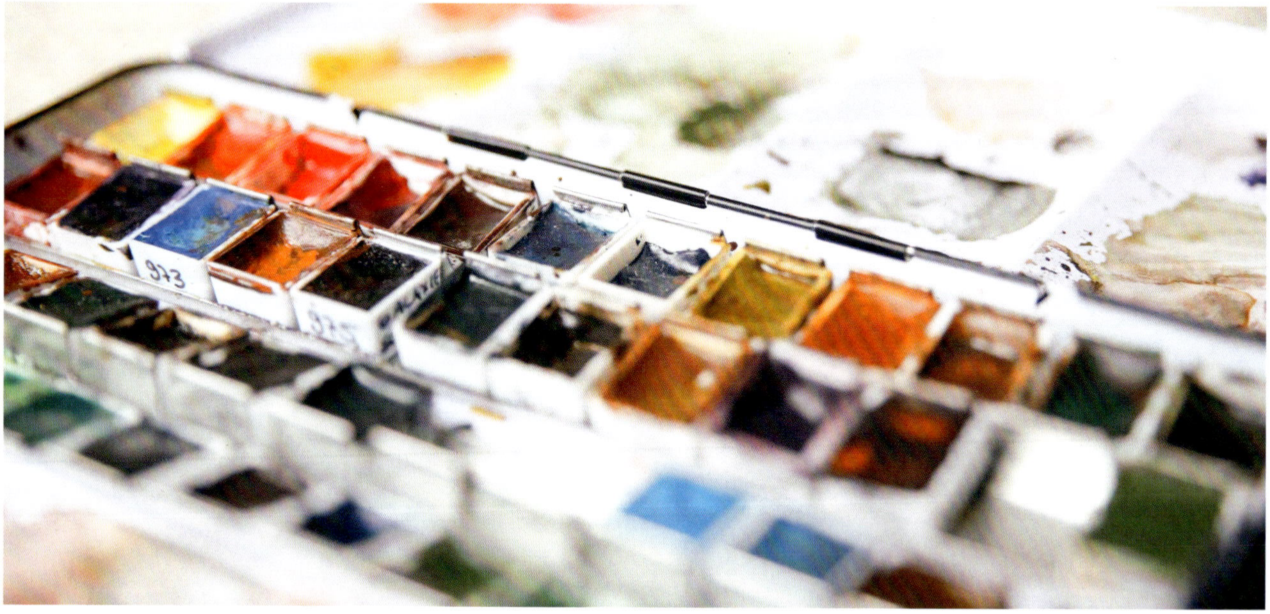

Pinsel

Über all die Jahre habe ich mir eine Menge Pinsel angeeignet. Jedoch verwende ich nur eine Handvoll, würde ich sagen. Auch hier bekommt man über die Zeit ein Gefühl dafür, welche Pinsel in welcher Größe einem liegen. In diesem Abschnitt verrate ich dir meine persönlich bevorzugten Pinsel und erzähle dir ein wenig von ihren Eigenschaften.

Allgemein unterscheidet man bei Aquarellpinseln zwischen Echthaar, synthetischen und halbsynthetischen Pinseln. Darüber hinaus gibt es die unterschiedlichsten Pinselformen, wie zum Beispiel Rundpinsel, Katzenzungenpinsel, Flachpinsel, Grundierpinsel, Schrägpinsel und Fächerpinsel, um nur einige zu nennen.

Ich bin Minipinsel-Liebhaberin, das heißt ich greife gerne zu den kleinen Rundpinsel-Größen. Das liegt auch daran, dass ich allgemein klein, zart und filigran arbeite. Selten greife ich zu größeren Pinseln. Ich bewege mich zwischen den Größen 3/0 bis allerhöchstens 4 für Hintergründe oder größere Flächen.

Tipp

Lass deine Pinsel nie für längere Zeit kopfüber in deinem Wasserglas stehen. Die feinen Haare können sich dadurch verbiegen und stehen anschließend meist nicht mehr exakt gerade zueinander. Versuche, deine Pinsel immer trocken zu lagern.

Außerdem liebe ich den Schlepperpinsel, denn der eignet sich vor allem für besonders feine Linien. Dieser Pinsel hat eine weit auslaufende, exakt ausgeformte Pinselspitze. Er gibt sehr kontrolliert und kontinuierlich die Farbe ans Papier weiter und man muss dafür nur wenige Pigmente damit aufgreifen.

Pinsel, die ich häufig nutze:

- KUM Rundpinsel 3/0 bis 4
- da Vinci Cosmotop Spin 3/0
- da Vinci Casaneo 2/0
- Princeton Aqua Elite 2
- Rico Design Flachpinsel 2 + 4

Du hast noch einen guten Pinsel aus deiner Vergangenheit, beispielsweise aus der Schulzeit, und du hast ihn damals geliebt? Dann male weiterhin mit ihm. Denn jeder Pinsel liegt einem anders in der Hand. Was Haptik, Modell oder die Dichte der Pinselhaare angeht, muss man erstmal selbst herausfinden, mit welchem Pinsel man am besten arbeiten kann. Auch hier ist wichtig, dass man auf sein Gespür hört: Probiere dich vorerst einfach aus. Bei der ersten Pinselanschaffung würde ich dir davon abraten, gleich mit einem Pinselset zu starten, denn dann kann es sein, dass man letztendlich nur einen davon benutzt.

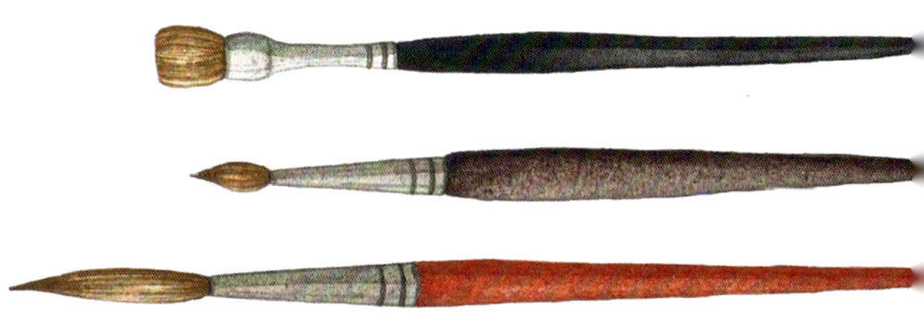

Papier

Papier und Farben setze ich oft auf dieselbe Wichtigkeitsstufe, aber Papier ist und bleibt mein Lieblingsthema. Ich nutze hier gerne den Vergleich zum Fotografieren. Denn ein Foto ist nur so gut wie die Linse es ist. Der Body arbeitet und gibt ihm die Grundlagen mit, die Linse ist aber für die Klarheit, Schärfe und Farben des Bildes zuständig. Man benötigt also beides in einem ausgewogenen Verhältnis und beide sollten von guter Qualität sein, so wie Aquarellfarben und -papier.

Wenn mich jemand fragen würde, wofür ich das meiste Geld im Fachhandel ausgebe, dann ist es ganz klar das Papier! Ich liebe Papier. Jede Papiersorte ist wie eine spannende Reise, denn erst beim Ausprobieren kann ich sagen, ob sie für mich gut oder unpraktisch ist. Nur weil eine Papiersorte für mein Wasser/Pigment-Verhältnis nicht geeignet ist, heißt das nicht, dass es bei dir genauso sein muss.

Allgemein gibt es Aquarellpapier in drei unterschiedlichen Oberflächenbeschaffenheiten:

- Glattes, heiß gepresstes Papier (hot pressed)
- Mattes, kalt gepresstes Papier (cold pressed)
- Raues Papier (Rough)

Auch zu beachten sind die unterschiedlichen Grammaturstärken (g/qm), denn diese können ausschlaggebend für dein Ergebnis sein. Eine Faustregel hierfür wäre: Umso stärker die Grammatur des Papiers ist, umso nasser kannst du damit arbeiten. Das Papier kann dann viel Wasser aufsaugen und meist kannst du die Pigmente auf der Oberfläche länger mischen bzw. verteilen. Umso geringer die Grammatur, umso schneller sollte man arbeiten, denn hier zieht die Farbe schnell ein.

Ich selbst nutze am allerhäufigsten mattes, also kalt gepresstes Papier ab einer Grammatur von 250 g/qm aufwärts. Ich empfehle dir daher, wenn du mit Aquarell- oder Wassermalfarben arbeitest, bei der Wahl der Grammatur nicht darunter zu gehen.

Es gibt Aquarellpapier als Aquarellblöcke, einzelne Bögen, die man sich im Fachhandel selbst zurechtschneiden kann (meist ein kleiner Geheimtipp, wenn es ums Sparen geht), oder zusammengebunden zu einem Heft. Im Fachhandel gibt es noch einen großen Pluspunkt, denn dort werden Ansichtsexemplare ausgestellt, sodass man sich direkt von der Haptik, der Papierfarbe und der Beschaffenheit einen Eindruck verschaffen kann. Ich nutze gerne Blöcke, die mehrseitig verleimt sind, dies ermöglicht die direkte Arbeit auf dem Block, ohne dass sich das Papier zu sehr wellt. Wenn du beispielsweise lieber mit einzelnen Papierbögen malst, dann rate ich dir, diese auf einem festen Untergrund mit Kreppband zu fixieren. So verhinderst du das Verrutschen des Papiers beim Malen und, dass sich die Kanten anheben.

Ich bin großer Fan der Marke Hahnemühle. Nicht nur, weil wir aus demselben Bundesland (Niedersachsen) kommen, sondern weil sie großartige Künstlerpapiere mit verschiedensten Eigenschaften in großer Auswahl anbieten. Auch für dieses Buch habe ich die Projekte auf Papier von Hahnemühle gemalt.

Diese drei Künstlerpapiere nutze ich hauptsächlich:

- Hahnemühle Expression, cold pressed, 300 g/qm, 24 x 30 cm
- Hahnemühle Burgund, cold pressed, 250 g/qm, 17 x 24 cm
- Hahnemühle The Collection – Watercolour, cold pressed oder rough, 300 g/qm, 24 x 32 cm

Das Hahnemühle Expression liebe ich besonders um herauszufinden, ob das Zusammenspiel von der ersten Vorzeichnung, über Farbtests bis zur fertigen Umsetzung einer Illustration funktioniert.. Es ist ein solides Aquarellpapier mit einem guten Preis-Leistungs-Verhältnis.

Das Hahnemühle Burgund habe ich schon früh lieben gelernt. Vor allem die Haptik des Papiers erinnert mich ein bisschen an ein Büttenpapier, also ein handgeschöpftes Papier mit hohem Textilfaser-Anteil, nur dass es keines ist. Außerdem nutze ich das Papier auch gerne für kleinere Zeichnungen, da das Format komprimierter ist.

Mein Spitzenreiter ist das Hahnemühle The Collection – Watercolour Papier, denn neben der unvergleichbaren Reinheit des Papiers hat es extrem starke Fasern, die jedes Kunstwerk einzigartig machen. Es macht einfach riesigen Spaß, besondere Ideen auf einem hochwertigen Aquarellpapier zu malen.

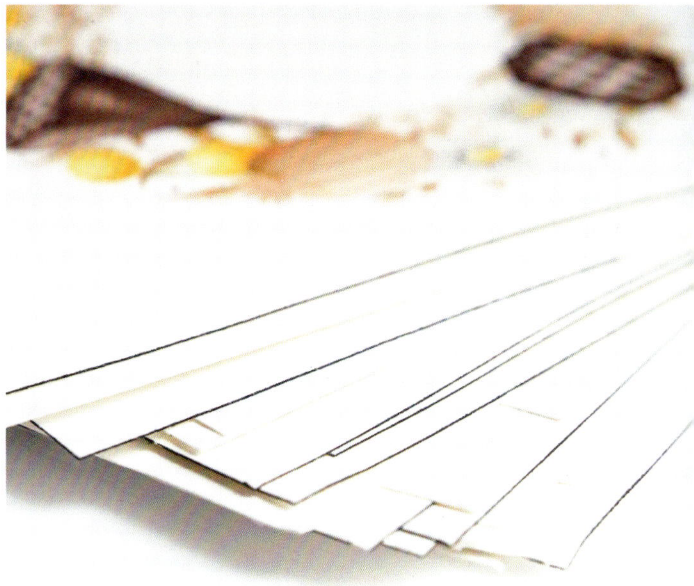

Tipp

Kaufe kein billiges Papier in Drogerien oder im Discounter. Die Farben können schneller unschöne Ränder bekommen, die Farbabweichungen können gravierend sein und manchmal schwimmen die Pigmente mehr, als dass sie ins Papier einziehen. Investiere in mindestens ein hochwertiges Papier und du wirst fabelhafte Ergebnisse erzielen.

Stifte

Entsteht eine erste Idee zu einem Bild in meinem Kopf, bringe ich sie zunächst mit einem Stift aufs Papier. Dies muss im ersten Moment gar nicht ordentlich passieren, mir ist nur wichtig, dass ich sie zu einem späteren Zeitpunkt wieder aufgreifen kann. Lass mich dir schnell meine Lieblingsstifte für diesen Zweck vorstellen.

Hauptsächlich sind bei mir Bleistifte im Einsatz. Diese gibt es in verschiedenen Minenstärken:

- HB Bleistifte mit mittlerem Abtrag der Mine, zum Zeichnen oder Schreiben
- B Bleistifte mit weichen Minen für Scribbels, Entwürfe und Freihandzeichnungen
- H Bleistifte mit harten Minen, für technische und mathematische Zeichnungen

Ich nutze in der Regel Bleistifte in den Stärken von HB bis 2B. Diese eignen sich durch den guten Abrieb der Mine besonders für meine ersten Freihandzeichnungen. Es gibt klassische Bleistifte, deren Mine in Holz eingefasst ist, oder mechanische Druckbleistifte, deren Minen man auf Knopfdruck nachrutschen lassen kann. Die nachfüllbaren Minen gibt es in verschiedenen Minenstärken.

Neben Bleistiften nutze ich gerne weiße Gelstifte, denn beim Aquarellmalen gibt es kein reines Weiß. Du kannst bestimmte Stellen in deinem Bild also nachträglich nicht mehr aufhellen (es gibt nur wenige Tricks), sondern man arbeitet immer von hell nach dunkel. Mit einem weißen Gelstift kann man ein wenig schummeln und seine Kunstwerke trotzdem im Nachhinein mit weißen Akzenten verfeinern.

Selten benutze ich (Mikro)Fineliner, aber ab und an kommen sie doch zum Einsatz, z. B. um Ränder gemalter Objekte visuell zu verstärken oder um auf die Rückseite des Blattes das Datum des jeweiligen Tages und meine Unterschrift zu setzen. Hierbei nutze ich schwarze wie auch graue Fineliner in ganz unterschiedlichen Strichstärken (0,25–0,5 mm).

Zusätzliches Material

Mit ein paar Tipps und Tricks und weiteren hilfreichen Materialien wird es dir bald schnell gelingen, Bilder und Skizzen richtig aufzubauen und tolle Ergebnisse zu erzielen.

WASSER

Nichts geht ohne klares, sauberes Wasser. Nutzt du immer das Wasser aus demselben Glas, wird es irgendwann durch das ständige Pinsel Auswaschen schmutzig aussehen. Benutze daher lieber zwei Gläser Wasser. Das eine, um die

Pigmente aus dem Pinsel herauszuwaschen, und das andere, um wieder sauberes Wasser auf den Pinsel aufzunehmen. So kannst du strahlende Pigmente einarbeiten und verfremdest sie nicht schon automatisch durchs schmutzige Wasser.

KNETRADIERGUMMI

Hast du schon mal von einem Knetradiergummi gehört? Mittlerweile ist er ein Must-have auf meinem Schreibtisch! Er beschädigt keine Oberflächen, die mit einem herkömmlichen Radierer sonst meist rau werden, wenn man zu oft darüber radiert. Er ist außerdem äußerst aufnahmefähig; und fehlt einem gerade die zündende Idee beim Malen, beruhigt das reine Kneten in der Hand enorm. Um Verbesserungen einzuarbeiten, rolle ich den Knetgummi über die Stelle, wo er Graphit aufnehmen soll; so lange, bis es sich möglichst komplett gelöst hat und ich neue Bleistiftstriche einfügen kann.

LINEAL

Du wirst bei einigen Projekten im Buch sehen, dass ich den Mittelpunkt meines Blattes suche und markiere. Das hat den Grund, dass ich es optisch schön finde, wenn Kunstwerke mittig platziert werden. Ausgehend vom Mittelpunkt kann dann der Bildaufbau starten. Ebenso nutze ich das Lineal gerne, um gleichmäßige Abstände zu markieren. Ich bin sehr darauf bedacht, dass gewisse Dinge gleich aussehen, wie beispielsweise die Holzlatten im Projekt „Körbchen" auf Seite 110.

KREISZEICHNER

Mit einem Kreiszeichner kann man schnell und einfach verschieden große Kreise zeichnen. Denn hast du schon mal probiert, frei Hand einen exakten Kreis zu malen? Das ist so gut wie unmöglich. Dies ist ein nützliches Tool bei Blumen, Blüten, Landschaften und vielem mehr.

LIGHTPAD

Für meine Vorzeichnungen nutze ich meist dünnes Kopierpapier und einen Bleistift. Bin ich zufrieden, übertrage ich die Skizze über ein Lightpad auf das richtige Baumwoll-Aquarellpapier. Ich muss nicht nochmal mit Graphit arbeiten, sondern kann direkt mit der ausgewählten Aquarellfarbe aufs Blatt gehen, ohne im Nachgang nochmal radieren zu müssen.

BAUMWOLLTUCH/LAPPEN

Früher habe ich Küchenkrepp, Toilettenpapier oder ein Taschentuch genutzt, um überschüssige Farbe abzunehmen. Mittlerweile nutze ich gerne einen Lappen oder ein altes Baumwoll-T-Shirt, das ebenso gut Farbe aufnehmen kann. Dieses Stück Stoff kommt nach Benutzung in den Restmüll; so wird kein Leitungswasser mit teils sogar giftigen Inhaltsstoffen der Aquarellfarbe verschmutzt und ein ungenutztes Shirt hat neue Verwendung gefunden.

SPRÜHFLASCHE MIT WASSER

Auf meinem Schreibtisch steht immer eine Sprühflasche mit Pumpaufsatz, die einen feinen Wassersprühnebel erzeugt. Diesen nutze ich gerne, um meine Aquarellfarben in meinem Kasten vor dem Malen zu aktivieren, sodass ich die Farbe nach kurzer Wartezeit verwenden kann.

KREPPBAND

Für einzelne Papierreste nehme ich gerne Kreppband und klebe das Papier auf mein Lightpad. So kann es sich vom Untergrund nicht lösen und schlägt keine Wellen beim Arbeiten mit wässrigen Farben. Wenn ich einen anderen Winkel zum Malen benötige, drehe ich das Lightpad einfach, sodass ich mich beim Malen nicht verrenken muss.

Tipp

Schneide dir eine Postkarte zurecht und tupfe beim Malen deiner Projekte die überschüssige Farbe von deinem Pinsel darauf. So kannst du ein schönes Terrazzo-Muster entstehen lassen und hast direkt eine hübsche Karte für den nächsten Anlass.

Maltipps und Techniken

Kunst ist für alle da. Ob mit der richtigen Technik nach Schema F oder mit Spaß an der Sache nach Gefühl. Wenn das Thema Technik dich in deinem kreativen Schaffen einschränkt, dann gehe direkt zu den kreativen Projekten im nächsten Kapitel ab Seite 20.

Es gibt gewisse Regeln in der Aquarellmalerei, die man nicht brechen kann, sie existieren von Natur aus. Andere Dinge kannst du nach den erlernten Grundlagen frei nach deinen Vorstellungen umsetzen.

Male beim Aquarellieren immer von hell nach dunkel. Diese Vorgehensweise wirst du auch bei meinen Motiven sehen. Beim Aquarellieren kannst du kaum bis sehr schlecht dunkle Farben aufhellen bzw. helle Farbe darüberlegen. Selbst weiße Aquarellfarbe kann man nicht deckend darüberlegen (mit weißer Gouache kann man sich behelfen), weshalb man sich vorsichtig in die dunklen Bereiche des Motivs vorarbeiten sollte. Hast du weiße Stellen in deinem Motiv, lass diese daher einfach frei.

Wichtig zu wissen ist auch, dass die feuchte Farbe auf dem Papier dunkler wirkt, als sie es im trockenen Zustand sein wird. Das kann irritieren, weil man eine andere Farbgebung erwartet hat. Warte, bis die Farbe getrocknet ist, dann sollte sie wie von Zauberhand heller wirken.

Möchtest du Pigmente dunkler gestalten bzw. abtönen, dann greife zu Schwarz oder noch viel lieber zu einem dunklen Braun oder Grün, so wirkt die abgetönte Farbe natürlicher. Es kommt ganz darauf an, was man malen möchte. Aber Achtung: Nimm vorerst wenig Farbe auf deinen Pinsel, denn die Farben sind in der Regel hochpigmentiert. Hast du einmal deine Basisfarbe, die du abtönen möchtest, zu dunkel angemischt, wirst du es schwer haben, sie wieder heller zu bekommen. Gehe lieber Schritt für Schritt vor und nimm ein Schmierblatt, um die angemischte Farbe zu testen. Warte auch hier, bis sie trocken ist, erst dann siehst du das finale Ergebnis.

Kommen wir zu zwei Aquarell-Grundtechniken, die ich dir gerne näher erklären möchte. Sie sind sehr relevant und du wirst sie oft im Buch zu sehen bekommen.

DAS LASIEREN (TROCKENTECHNIK)

... beschreibt die Aquarelltechnik, bei der mehrere Farbschichten übereinander aufgetragen werden, wobei jede einzelne Schicht erst komplett getrocknet sein muss. Was man hierfür unbedingt haben muss, ist etwas Geduld, dafür wird man mit tollen Ergebnissen belohnt. Arbeite unbedingt mit einem nur feuchten Pinsel, denn mit zu viel Wasser könnten Wasserflecken entstehen, die die Wartezeit, bis dein Bild trocknet, zudem fast verdoppeln.

DAS LAVIEREN (NASS-IN-NASS-TECHNIK)

... erfordert etwas Übung. Beim Lavieren wird der Malgrund zuerst mit Wasser befeuchtet, allerdings sollte das Wasser nicht auf dem Papier stehen. Anschließend gibt man mit dem Pinsel Aquarellfarbe auf die feuchte Fläche. Man muss die Kontrolle über die Pigmente loslassen können, denn sie bahnen sich ihren eigenen Weg durchs Wasser. So entstehen spannende Verläufe. Das Ausprobieren dieser Technik sollte nicht allzu schwerfallen, denn alleine das Zusehen macht schon wahnsinnig Spaß.

Beide Techniken lassen sich einzeln für sich anwenden, können aber ebenso gut kombiniert werden. Mit der Lasurtechnik lassen sich schärfere Kanten erschaffen und durchschimmernde Farbschichten aufbauen; mit der Lavurtechnik kann man die typisch weichen Watercolor-Effekte und wunderschönen Farbverläufe erschaffen.

Farbpaletten und Tonwerte

Ich selbst bin großer Fan davon, die Produkte zu nutzen, die ich zu Hause habe. Denn bis man diese beherrscht und genug kennengelernt hat, vergeht sowieso einige Zeit.

Ich habe dir zu jedem Projekt meine Farbpalette angelegt. Neben der visuellen Orientierung bieten sie dir auch die genauen Farbnummern aus der Schmincke-Horadam-Reihe, falls du die Mischungen genau nachstellen willst. Aber so genau muss man das meist gar nicht wissen, denn meine Auffassung von Farben kann eine ganz andere sein als deine, wenn du dir das Objekt, dass du illustrieren möchtest, genau anschaust. Die Farben können strahlender im Sommer und blasser im Winter sein. Ein Grün schaut im Frühling viel knalliger aus als im Herbst, wenn sich die Blätter verfärben. Es kommt also auf einige Faktoren an.

Aus diesem Grund möchte ich dir mit meinen Farbpaletten nur einen Hinweis geben, welche Farbnuancen ich in etwa verwendet habe. Experimentiere mit den Farben, die du bereits vorliegen hast, und mische dir ggf. Farben zusammen. Denn dabei lernst du am besten, wie sich Farben miteinander verbinden und zueinander verhalten, und diese Erkenntnis bringt dich viel weiter, als wenn du direkt meine genutzte Farbe wählst.

Viele Farben haben mehrere Tonwerte. Das bedeutet, dass eine Aquarellfarbe mehrere Abstufungen innerhalb einer Farbe hat. Diese Abstufungen kannst du mit der Zugabe von Wasser erhalten. Nimmst du viele Pigmente und wenig Wasser, siehst du die meiste Kraft der Farbe. Nimmst du mehr Wasser auf und verteilst die Pigmente vorsichtig übers Papier, wird diese immer heller.

Das ist vor allem wichtig, weil du hiermit an bestimmten Stellen mehr Tiefe im Bild schaffen kannst. Dies erreicht man, wenn man beispielsweise mit vielen Pigmenten und wenig Wasser einen Schatten erzeugt. Es kommt auch immer auf die Farbe selbst an. Ein kräftiges, dunkleres Rot kann mehr Tiefe erzeugen als ein Gelb oder Hellgrün.

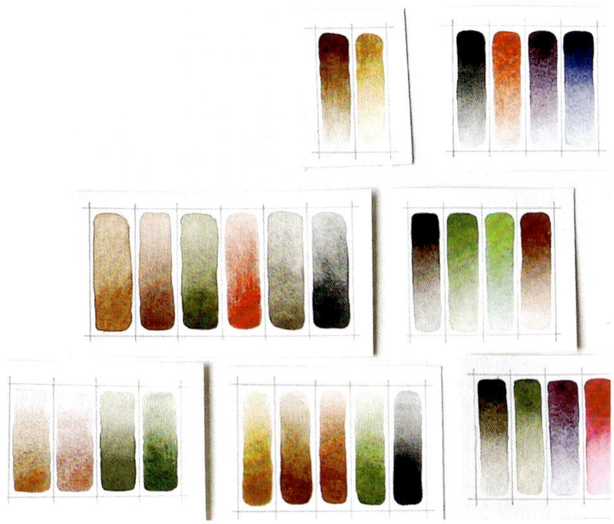

Tipp

Letztendlich zählt immer die eine Sache: viel Übung. Gib nicht auf, wenn dir etwas nicht sofort gelingt. Gewisse Dinge, wie das richtige Farb-Wasser-Verhältnis oder nicht zu hell oder dunkel zu malen, erfordern einfach Erfahrung. Wenn du dranbleibst, wird es aber sicher bald auch bei dir klappen!

Bevor du beginnst …

Bevor du mit den Projekten loslegst, möchte ich dir noch kurz etwas über sogenannte „Flatlays" und den Weg zum eigenen Stil erzählen. Falls du deine Kunst in den sozialen Medien teilen möchtest, könnte dieses Kapitel für dich besonders interessant sein.

FLATLAYS

Als ich mich auf der Plattform Instagram angemeldet habe und dort mein erstes Bild veröffentlichen wollte, wusste ich erstmal nur, dass ich mein damaliges Halloween-Lettering als hübsches Flatlay gestalten wollte.

Ein Flatlay bezeichnet ein Bild aus der Vogelperspektive, auf dem das Objekt, das man in Szene setzen möchte, gemeinsam mit dekorativen Elementen positioniert wird. Dabei ist zu beachten, dass man den Blick immer noch auf das Wesentliche konzentriert, die kunstvoll arrangierten Accessoires sollen nur als Unterstützung dienen.

Man benötigt dafür gar nicht viel. Manchmal ist weniger mehr, auch wenn man schnell in Versuchung kommt, immer mehr hinzufügen zu wollen. Ich achte immer auf den Weißraum, denn die gezeigte Szene sollte nicht zu minimalistisch, aber auch nicht zu überfüllt aussehen.

Experimentiere mit Dingen, die du schon zu Hause oder in der näheren Umgebung in der Natur findest. Ich halte beim Spazieren gehen immer meine Augen offen, denn z. B. Äste, Blätter, Blumen und Gräser, die am Wegesrand wachsen, lassen sich wunderbar als Dekoration für meine floralen Illustrationen verwenden. Aber auch Material wie Skizzen, Stifte, Aquarell-Näpfchen oder ein benutzter Pinsel können dein Bild ästhetisch stärken. Ich achte vor allem auf ähnliche, natürliche Farben, um das Bild am Ende nicht zu bunt erscheinen zu lassen. Man kann mit Flatlays auch eine gewünschte Stimmung um das Motiv herum kreieren, wie z. B. romantisch, schrill, monoton, wild etc.

Achte darauf, was du mit deinem Bild erzählen möchtest. Nutze verschiedene Ebenen, um das visuelle Interesse auf einen bestimmten Bereich im Bild zu steuern. Halte z. B. etwas ganz dicht vor die Linse, sodass es verschwommen wirkt, so kann man den Bereich dahinter verstecken und umgekehrt den gesehen Bereich in den Vordergrund setzen.

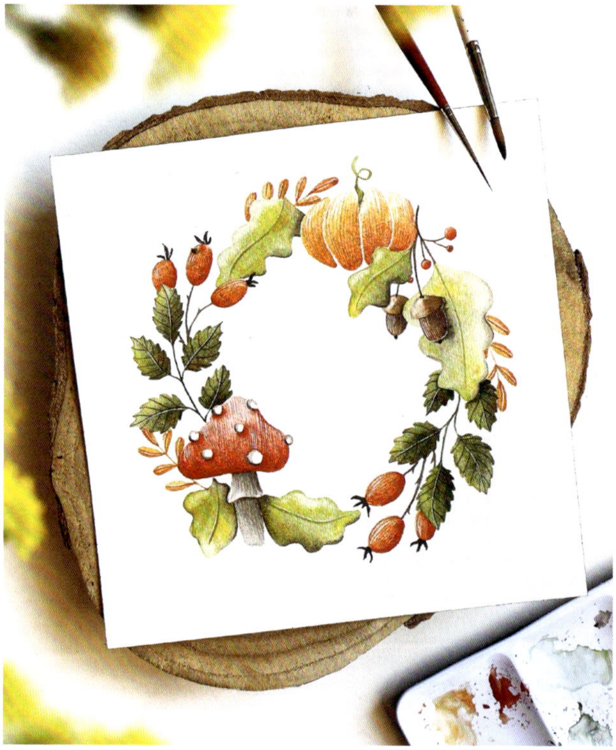

Unternimm einfach deine ersten Versuche und probiere dich aus. Sammle Inspiration und Requisiten und hebe deine Kunst mit wenigen Hilfsmitteln in den Vordergrund. Lass deiner Fantasie freien Lauf, denn in diesem Bereich gibt es sehr viel Raum für Kreativität. Lass sie einfach raus!

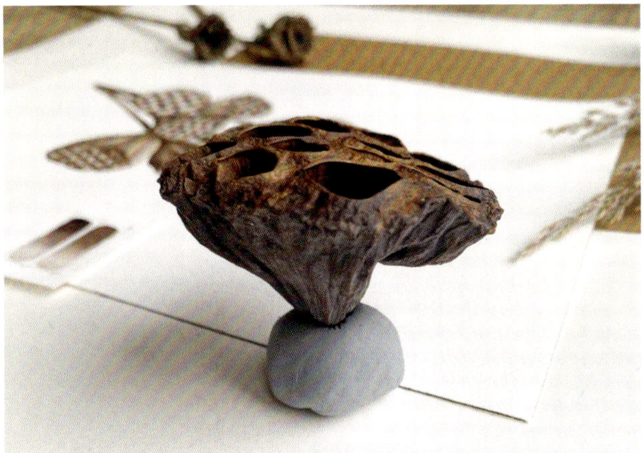

DIESER EIGENE STIL ...

Seinen eigenen Stil zu finden ist ein großes Thema für viele in der Branche, vor allem Leute, die noch ziemlich am Anfang ihres Hobbys stehen. Zu meinen Anfangszeiten habe auch ich zu meinen Vorbildern hinaufgeschaut und sah eindeutig ihre Unterschrift in jedem einzelnen Werk. Sie hatten einen Wiedererkennungswert und ich wusste direkt, ohne auf den Namen zu schauen, wer es veröffentlicht hat.

Tipp

Mach dir nie Druck oder Stress in Hinsicht auf deine Kreativität. Suche nicht verzweifelt nach etwas, was du gar nicht haben musst. Genieße die Zeit, die du dir selbst in dem Moment schenkst.

Als ich mit dem Malen begann, habe ich dank toller Bücher, Workshops und veröffentlichter Beiträge meiner Lieblingskünstler*innen erstmal deren Schriftbild im Lettering oder deren Kunstwerk im Aquarell nach Anleitung nachgemalt. Mein Verständnis für gewisse Prozesse und Herangehensweisen wurde dadurch schon klarer. Mit der Zeit habe ich mir eigene Wörter und Bildideen ausgesucht und sie weiterhin nach meinem erlernten Muster immer freier aufs Papier gezaubert. Ich habe mich mit jedem Projekt weiterentwickelt, habe mich auf bestimmte Techniken und Motive spezialisiert und mache das bis heute mit voller Hingabe und Freude.

Mittlerweile werde ich auch oft gefragt, wie man denn seinen eigenen Stil findet und wie ich es geschafft habe. Lass dir gesagt sein: Das ist ein ständiger Prozess, für den viel Ausdauer nötig ist. Ob ich meinen eigenen Stil überhaupt schon gefunden habe, kann ich für mich zum jetzigen Zeitpunkt nicht klar definieren. Ich würde behaupten, mein aktueller Stil ist unbewusst, über die Zeit und ohne Druck entstanden. Irgendwann hat man (vielleicht) seinen ganz individuellen Stil, man findet ihn aber nicht einfach von heute auf morgen.

Damit möchte ich dir sagen, dass es absolut nicht verwerflich ist, andere Kunstwerke genauer unter die Lupe zu nehmen. Davon kann man sich gewisse Dinge abschauen und findet kreative Impulse für sich selbst. Ich bin mir sicher, dass auch beispielsweise ein und dieselbe Blume jedes Mal ein bisschen anders aussehen wird. Der eine nimmt eine andere Farbe, die andere ein anderes Papier und so weiter.

Du wirst im nächsten Kapitel meine Handschrift in den Motiven finden, meine Herangehensweisen und viele Tipps und Tricks erfahren. Ich freue mich, wenn du dadurch ähnliche oder sogar identische Layouts zu deinem eigenen Werk machst. Du darfst das so handhaben, wie du es möchtest. Mach es auf deine Art und Weise, so wie es sich richtig anfühlt!

Projekte

Schritt für Schritt

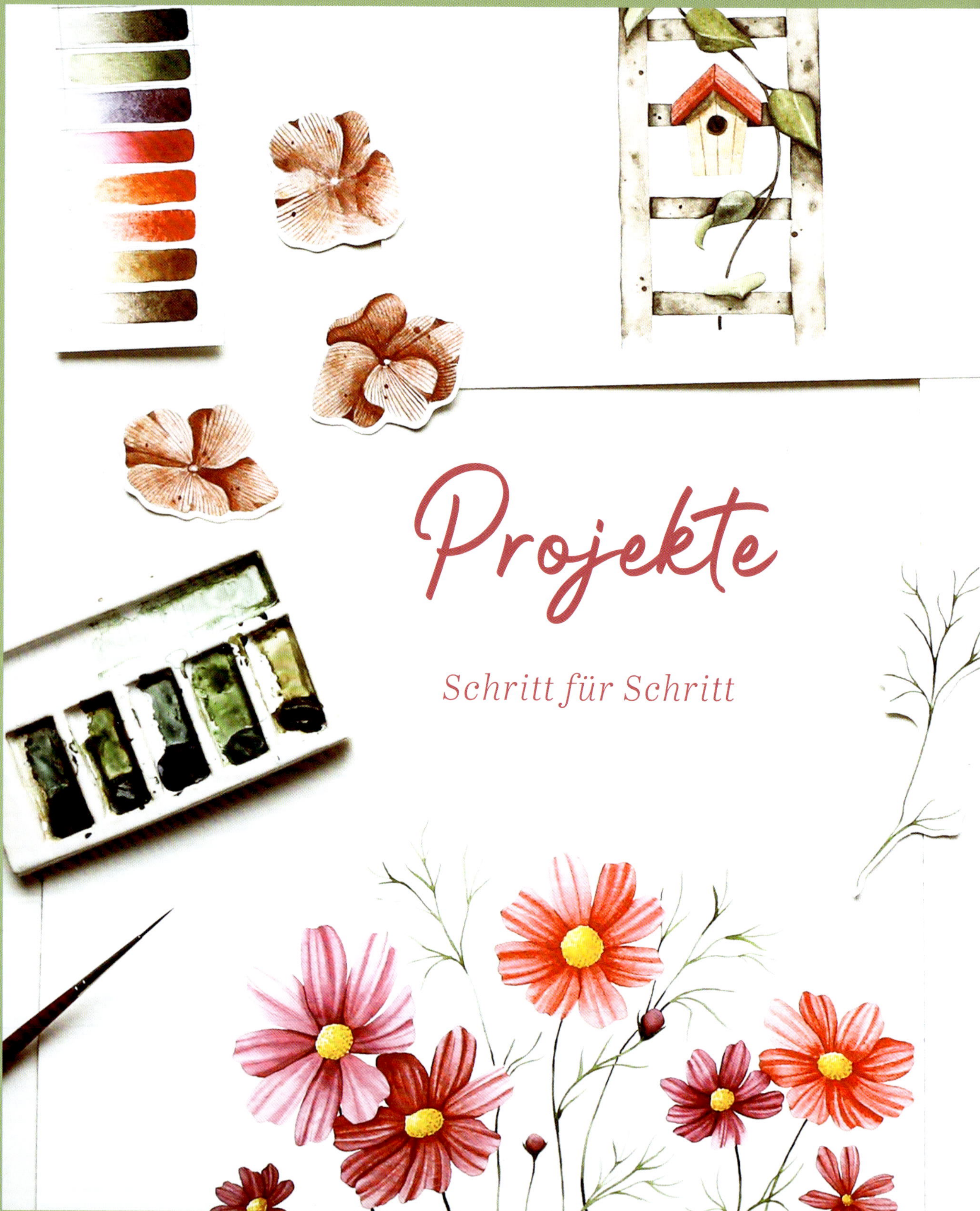

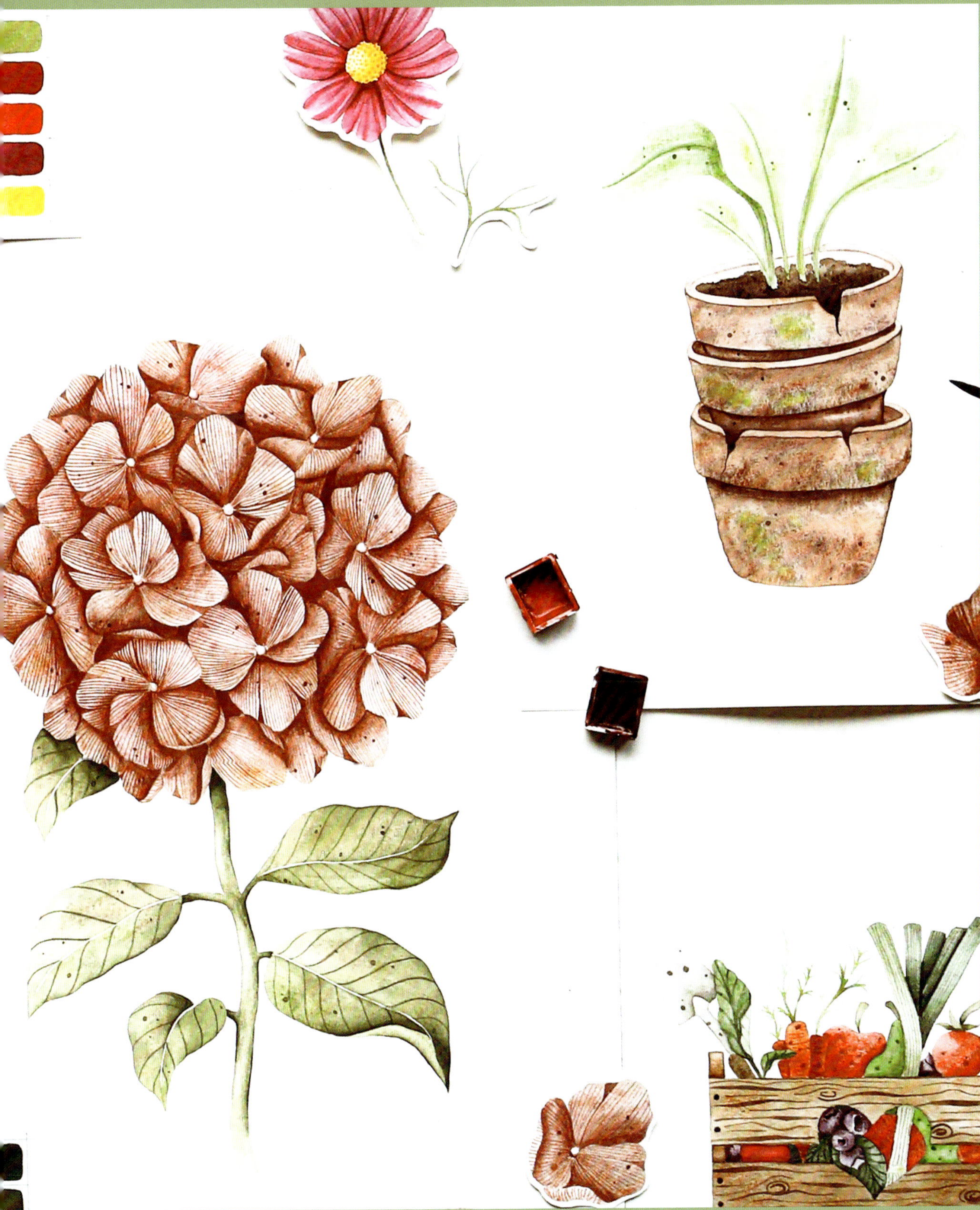

Wiesengras

Sie wachsen wild, sind filigran und unheimlich robust. Gräser und Halme findet man überall, wenn man die Augen offenhält: an Feldern, am Wegesrand oder an Lichtungen in Wäldern. Es gibt unzählige Arten, jede für sich wunderschön und einzigartig, perfekt für die Aquarellmalerei. Ich entschied mich für den Glatthafer, den ich bei einem Spaziergang in der Nähe einer Kuhweide fand. Weitere wunderschöne Gräser sind zum Beispiel der Goldhafer, das wollige Honiggras oder die Wiesenrispe.

HINWEIS Achte bei solch filigranen Motiven darauf, dass sie auf einem großen, schweren Papier nicht untergehen. Male sie daher auf einem kleineren Format mit weniger Grammatur, beispielsweise auf 250 g/qm, und lass sie federleicht wirken. Ebenfalls lassen sich Gräser und Halme für Aquarellkränze und Bouquets als Füllmaterial verwenden, dies zeig ich dir später auf Seite 62.

MEINE FARBPALETTE

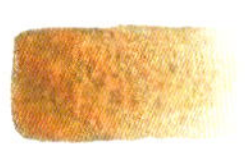

Gelbbraun **(916 + 912 + 923)**

SONSTIGES

- Wasserglas
- Abtropftuch
- Radiergummi

MATERIALIEN

PAPIER

- Hahnemühle Burgund, cold pressed, 250g/qm, 17 x 24 cm

PINSEL

- Schlepperpinsel Gr. 3/0
- Rundpinsel Gr. 0/3

STIFTE

- Bleistift HB

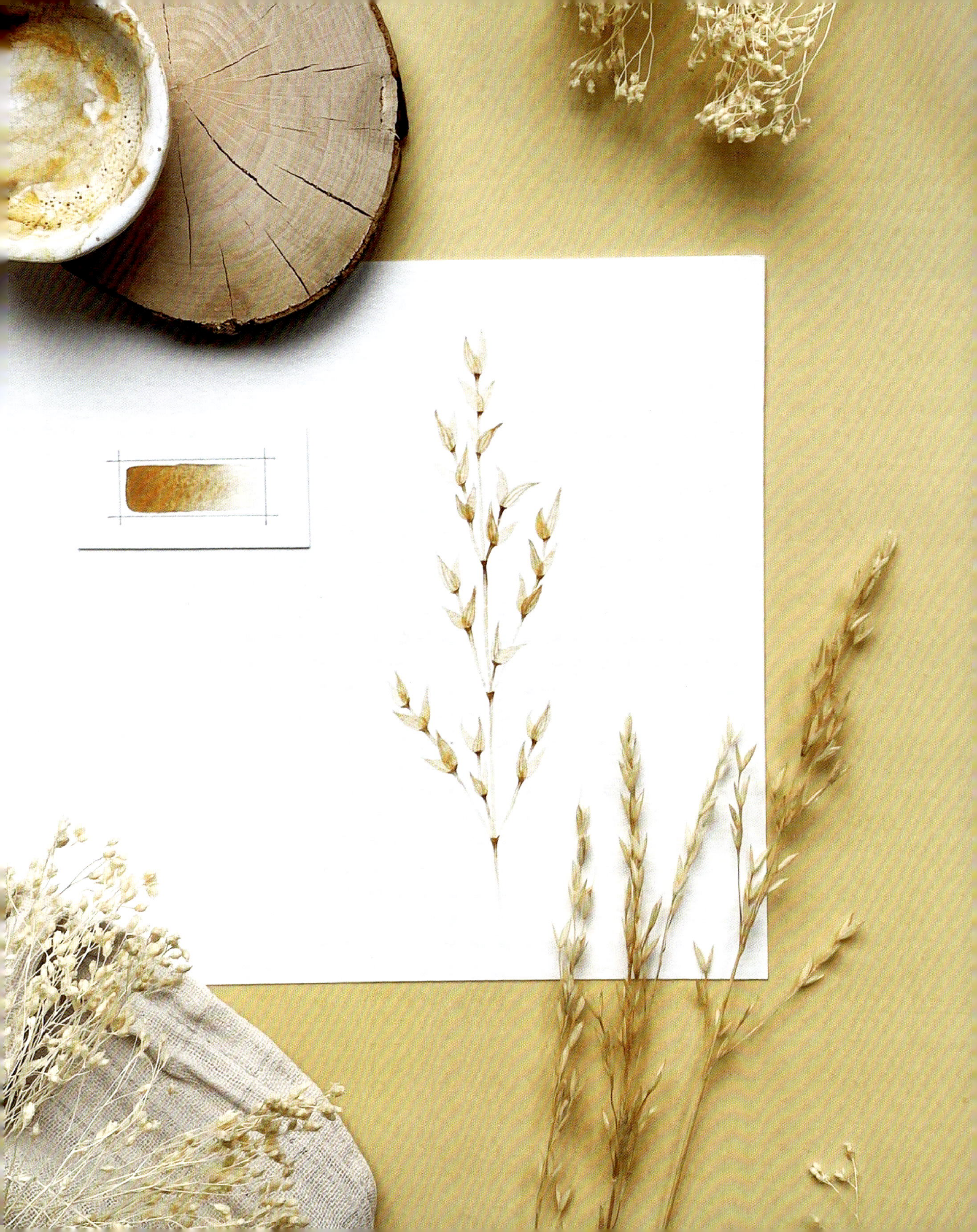

So geht's

Wir nutzen für meinen Glatthafer nur eine einzige Farbe, ein Beige, Ocker oder Gelb. Die Herausforderung bei diesem filigranen Motiv ist es, viele Details monochrom und auf sehr kleiner Fläche unterzubringen.

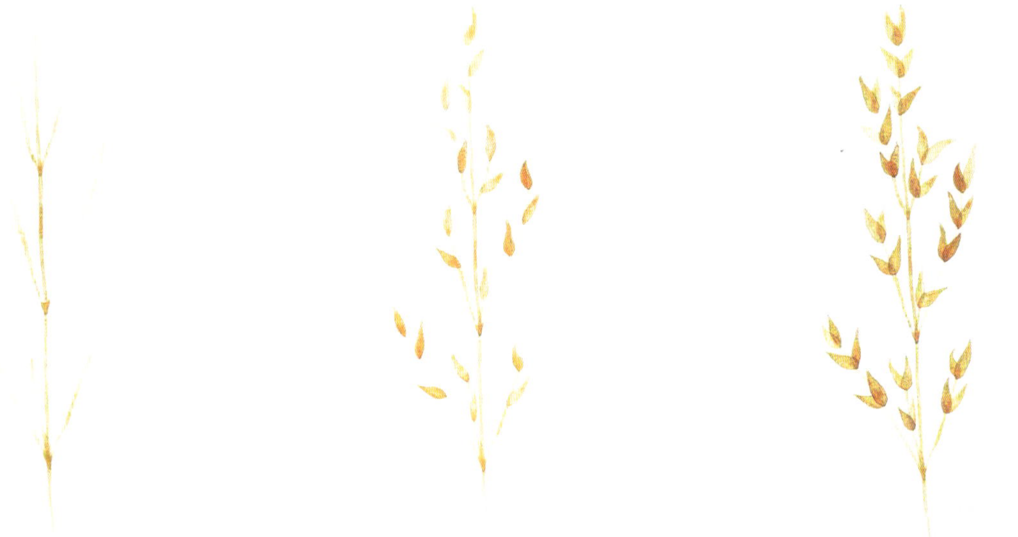

1 Nimm dir einen dünnen Schlepperpinsel, der mehr Farbe aufnehmen kann als ein Minipinsel, und ziehe senkrecht einen lockeren Strich nach oben. Dieser darf gerne unperfekt aussehen. Ziehe weitere Striche vom ersten Strich ausgehend nach rechts und links, um Verästelungen darzustellen. Achte darauf, dass die Stängel nach oben bzw. zur Seite hin dünner auslaufen. Dieser Effekt entsteht, wenn du den Schlepperpinsel am Ende des Strichs langsam vom Papier abhebst.

2 Setze von Anfang bis Ende eines Stängels Samen, wo immer du welche gesetzt haben möchtest. Diese können einen leichten Schwung in der Spitze haben, sie müssen nicht identisch aussehen. Lass die Samen immer trocknen, bevor du weitere daneben setzt.

3 Nun lege in Lasurtechnik weitere regentropfartige Samen über die bereits getrockneten, sodass sich der untere Teil der Samen überlappt. Durch die Lasur wirkt der Glatthafer gleich viel plastischer. Auch hier kannst du mal mehr oder weniger Pigmente oder Wasser verwenden; je mehr Abwechslung du hineinbringst, desto interessanter erscheint das Wiesengras.

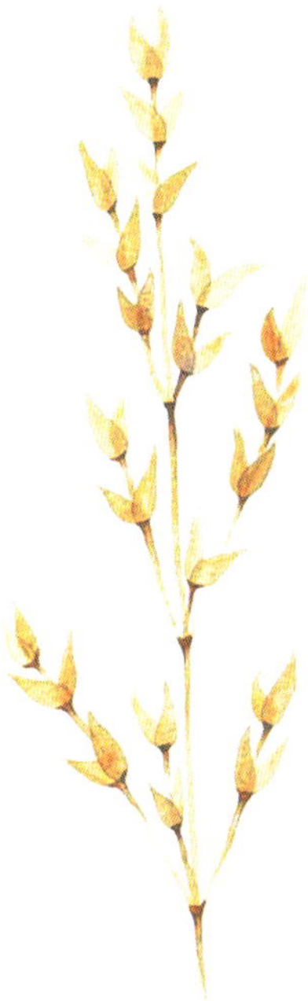

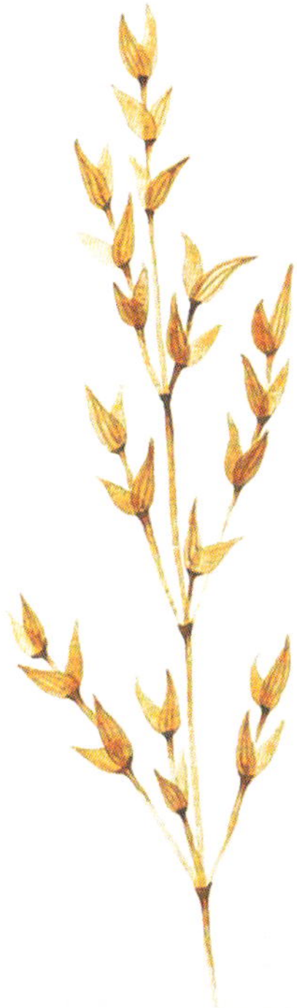

4 Nun nimm einen kleinen Rundpinsel, beispielsweise einen 0/3, und setze mit ihm hochpigmentierte Farbe in Form kleiner, umgekehrter Dreiecke an alle Abzweigungen. Wenn diese getrocknet sind, nimm denselben, leicht feuchten Pinsel zur Hand, löse die Farbe im unteren Bereich wieder an, und ziehe die Pigmente nach unten in den Stängel. So erzeugst du einen Schatten unter den Samen.

5 Wenn du magst, setze am Ende ein paar letzte Details in deine Samen. Diese können wie folgt aussehen: Nimm deinen Schlepperpinsel, wähle einzelne Samen aus und ziehe darin feine, dunklere Linien. Auch feine Punkte mit einem 0/3 Rundpinsel hier und da sehen toll aus. Schon ist dein erstes Projekt aus diesem Buch fertig. War doch gar nicht so schwer, oder?

Tipp

Sammle doch auf deinem nächsten Spaziergang einige unterschiedliche Gräser und nutze diese als Vorlage. Beim direkten Betrachten erkennt man die Details viel besser als auf Fotos. Ab dem Moment, an dem du sie einsammelst, können die Gräser und Halme auch schnell verwelken. Stelle sie also schnell ins Wasser oder wickle sie in ein feuchtes Stück Stoff; umso länger wird deine Vorlage frisch bleiben und kannst du sie exakt studieren.

Craspedia

Craspedia, auch als Trommelstöckchen bekannt, sehen aus wie kleine Tennisbälle. Die winzigen gelben Blütenkugeln, die aus vielen kleinen Einzelblüten bestehen und an einem langen Blütenstiel wachsen, verleihen Balkonkästen, Töpfen und Beeten ein besonders hübsches Flair. Auch als Trockenblumen in der Vase halten sie lange und verlieren im trockenen Zustand ihre Farbe nicht. Wahrhaftig ein echter Hingucker, der direkt gute Laune verbreitet.

MEINE FARBPALETTE

- Vulkan Gelb **(911)**
- Gelbton **(911 + 921)**
- Grünton **(932 + 941)**

MATERIALIEN

PAPIER

- Hahnemühle Burgund, cold pressed, 250 g/qm, 17 x 24 cm

PINSEL

- Rundpinsel Gr. 1

SONSTIGES

- Wasserglas
- Abtropftuch
- Zerstäuber

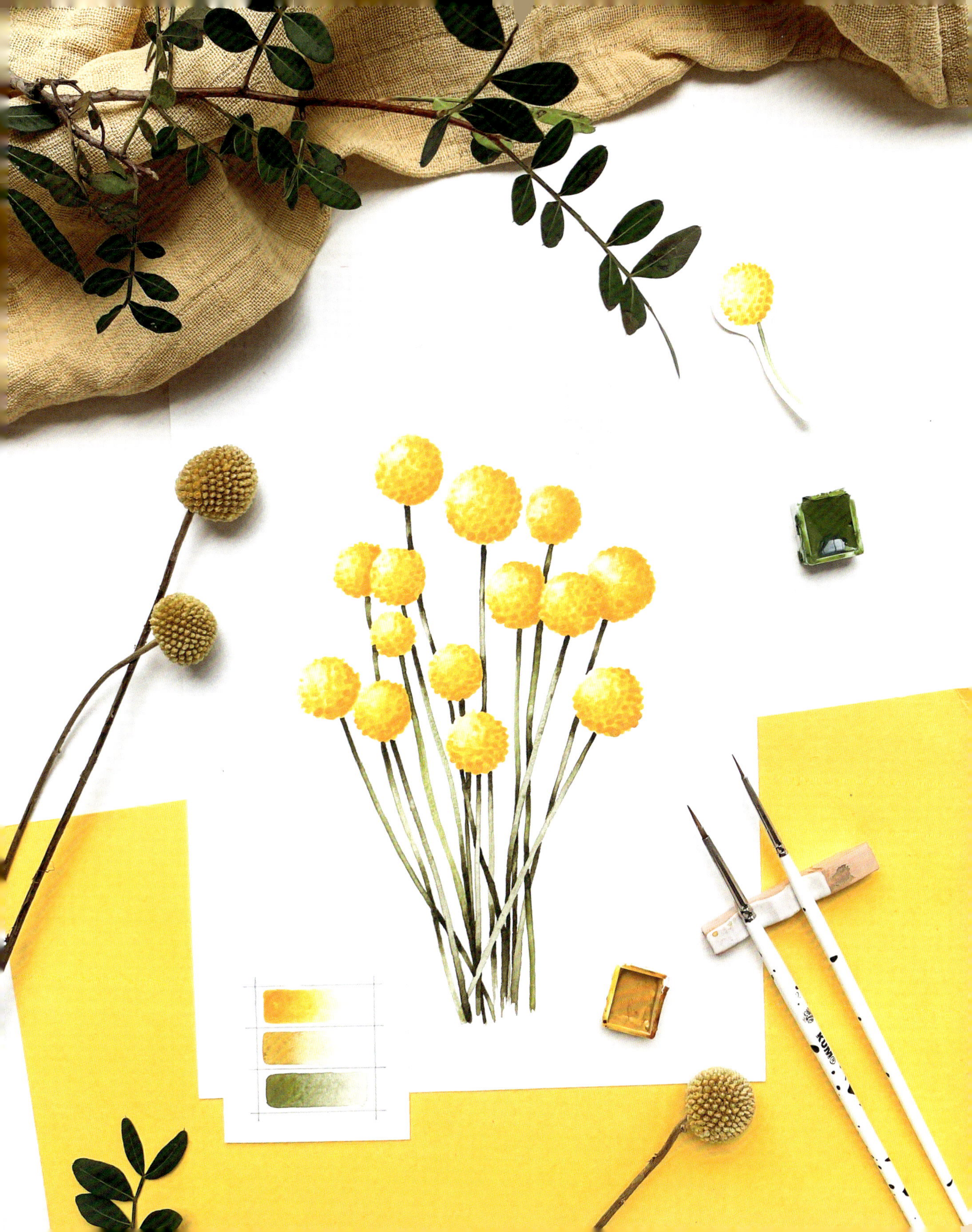
KUM

So geht's

Beim ersten Projekt habe ich dir die Lasurtechnik näher gebracht; hier geht's in den ersten zwei Schritten nun um das Lavieren, also die Nass-in-nass-Technik. Für diese Technik bedarf es etwas Übung, denn sie ist vom richtigen Zeitpunkt abhängig. Das Motiv ist an sich simpel und kann mehrmals hintereinander geübt werden, sodass dabei ein ganzer Strauß Trommelstöckchen entsteht.

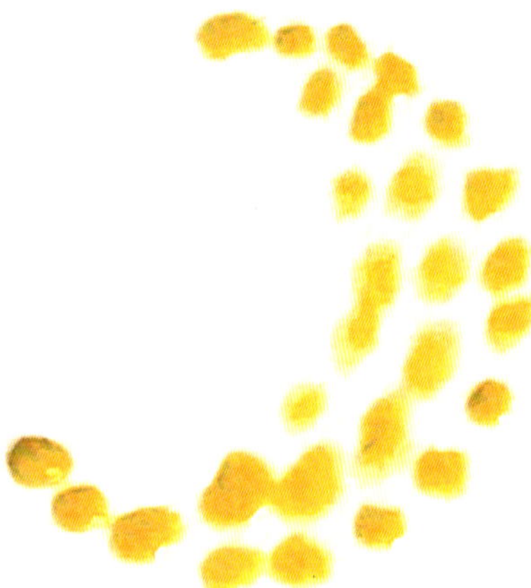

1 Aktiviere deine gelbe Aquarellfarbe mit einem Zerstäuber (oder tropfe ein paar Wassertropfen in dein Näpfchen) und gib den Pigmenten einen Augenblick, um sich vorab anzulösen. Nimm mit deinem Pinsel dann etwas Farbe auf und tupfe kleine Pünktchen in Form einer Mondsichel auf dein Papier. Dabei kannst du schon bestimmen, wo dein Licht herkommt und dementsprechend dein Schatten fällt. Bei mir scheint von oben links das Licht und unten rechts befindet sich entsprechend der Schatten, daher ist die Mondsichel nach oben links geöffnet.

2 Tauche deinen Pinsel ins Wasserglas und wische die überschüssigen Pigmente auf einem Tuch ab. Dann setze deinen Pinsel in die Fläche des offenen Halbmondes und ziehe ihn in die noch nassen Pigmenttupfer. Diese werden sich einen Weg ins feuchte Papier bahnen, sodass ein Verlauf entsteht. Dadurch, dass ich im ersten Schritt unten rechts mehr gelbe Pigmente platziert habe, wirkt die Stelle dunkler als oben links, sie liegt also im Schatten.

Tipp

Male eine Vase aus der viele, einzelne Trommelstöckchen herausschauen. Ein schönes Wohnaccessoire: ob als Bild oder direkt auf der Vitrine.

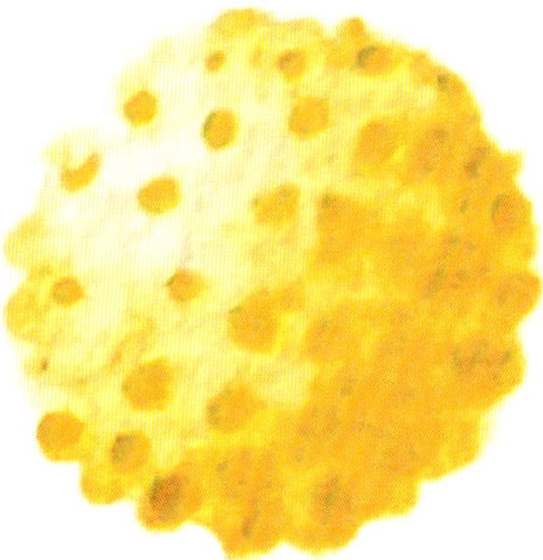

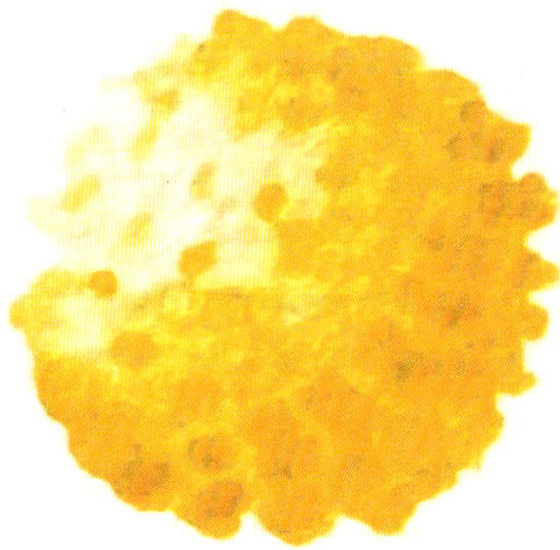

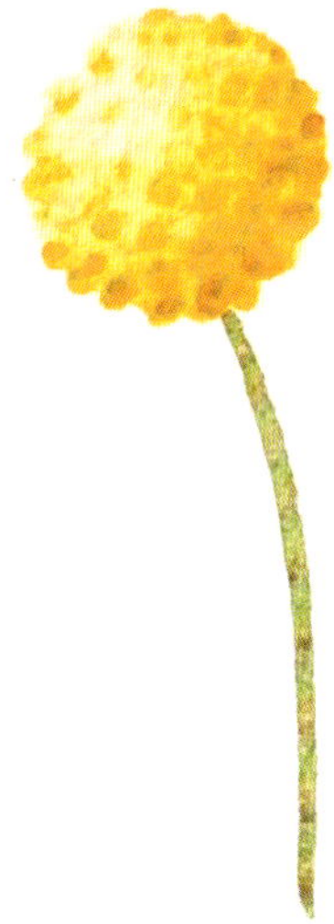

3 Wenn diese Schicht getrocknet ist, nimm wieder dieselbe Farbe auf und setze damit weitere Tupfer in den Kreis. Beachte dabei, dass du im Schattenbereich mehr und größere pigmentierte Tupfer setzen solltest und dort, wo das Licht auf die Blüte trifft, weniger und kleinere. Auch diese Schicht lässt man vorerst trocknen, so entsteht der Eindruck vieler kleiner Einzelblüten.

4 Befeuchte die trockene Schicht vorsichtig mit einem frisch ausgewaschenen Pinsel und löse die oberen Pigmente im Bereich der hellsten Stelle der Craspedia vorsichtig wieder auf. So entsteht an der Stelle ein leicht verschwommener Effekt. So kannst du auf der Schattenseite ebenfalls vorgehen, wenn du möchtest. Die Schritte 3+4 kannst du gerne wiederholen, bis du zu deinem gewünschten Ergebnis kommst.

5 Nimm zuletzt mit einem sauberen Pinsel grüne Farbe auf und fuge am unteren Rand deines Blütenkopfes einen dünnen, leicht gebogenen Stiel ein. Wenn du magst, tupfe nach dem Trocknen noch weitere gelbe Pigmente am Übergang vom Stängel zur Blüte auf, um den Schatten zu verstärken.

Ruscus

Ruscus, auch Mäusedorn genannt und aus der Gattung der Spargelgewächse, ist eine sehr robuste, immergrüne Pflanze, die gerne als Bodendecker genutzt wird. Die in etwa einen Zentimeter langen und schmalen Blätter erinnern an kleine Schuppen. Getrocknete, gebleichte Zweige können als Zierelemente unterschiedlich eingefärbt werden und bereichern Trockenblumenkränze und Sträuße. Auch alleinstehend oder zusammen mit frischen Blumen in einer Vase kann er schön in Szene gesetzt werden.

MEINE FARBPALETTE

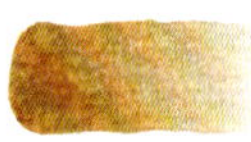
Urban Gelb **(916)**

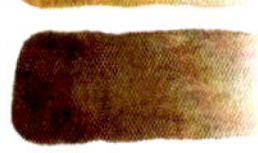
Wüsten Braun **(923)**

SONSTIGES

- Wasserglas
- Abtropftuch
- Radiergummi

MATERIALIEN

PAPIER

- Hahnemühle The Collection – Watercolour, cold pressed, 300 g/qm, 24 x 32 cm

PINSEL

- Rundpinsel Gr. 2 und 0/3
- Schlepperpinsel Gr. 0/3

STIFTE

- Bleistift HB

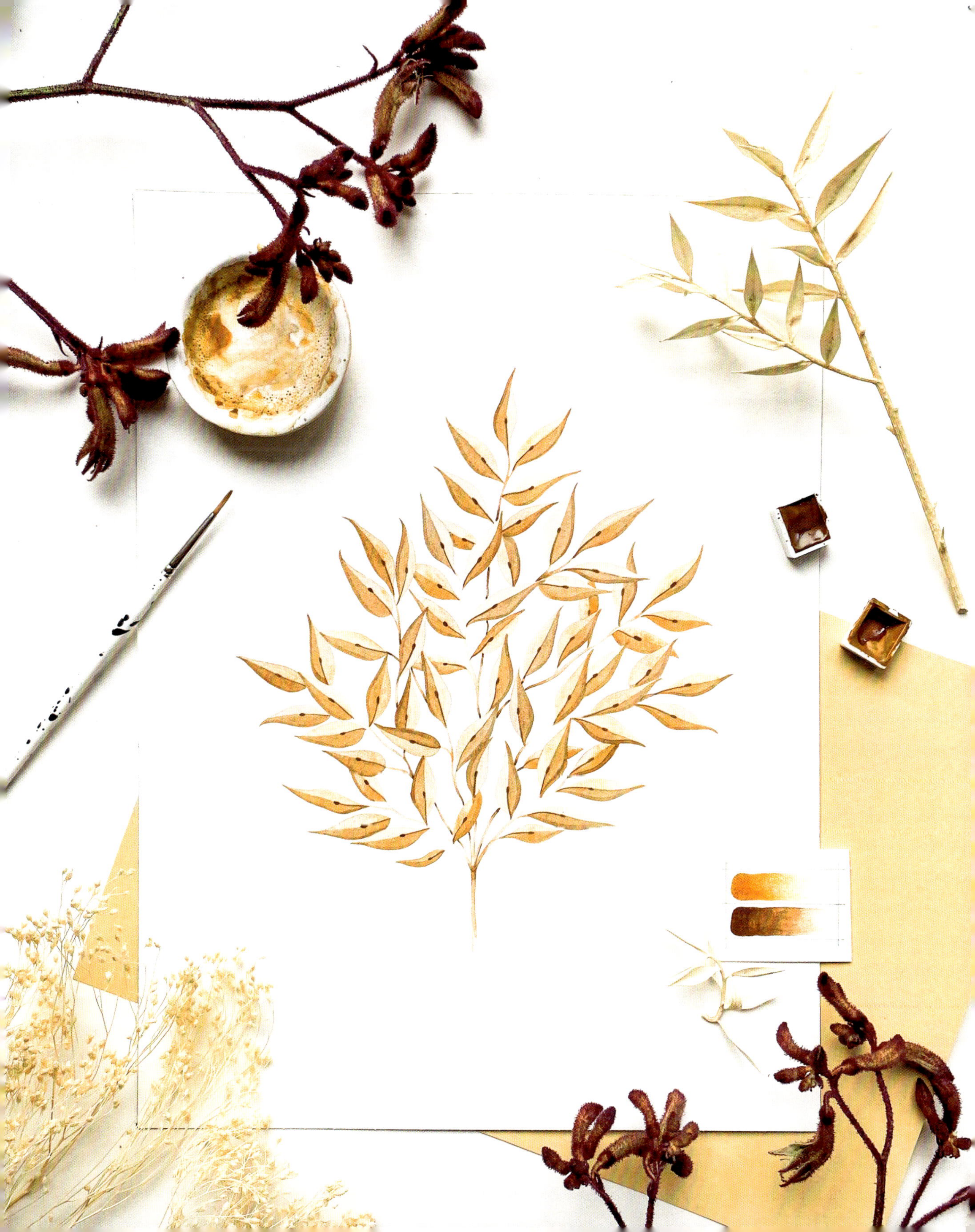

So geht's

Wichtig für ein Zweigmotiv ist, dass du die kleinen Elemente des Stiels und der Blattfläche genau anschaust. Beim Ruscus ist das Blatt symmetrisch durch einen Mittelnerv getrennt. Die Blattränder stehen nach oben ab.

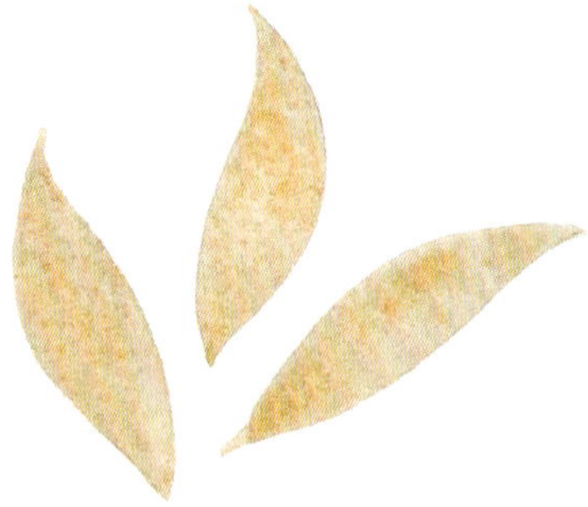

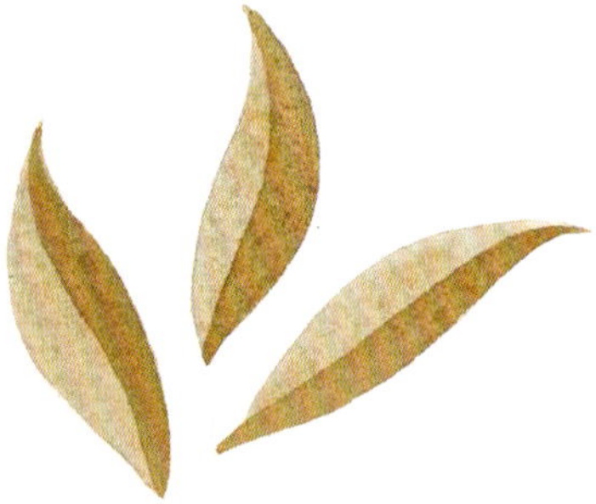

1 Nimm dir einen Bleistift zur Hand und zeichne ähnlich wie beim Motiv Wiesengras eine Art Regentropfen, der unten aber wieder spitz zuläuft. Zeichne an der unteren Spitze einen dünnen Stiel, den du weiter nach unten verlängerst, um links und rechts weitere Blätter am Stiel entlang hinzuzufügen. Die weiteren Blätter müssen nicht gleich aussehen und können leichte Rundungen an den Enden haben.

2 Radiere deine Skizze vorsichtig aus, sodass du nur noch einen Hauch Graphit erkennen kannst. Nun nimmst du deine Aquarellfarbe und mischst viel Wasser hinzu, sodass sie sehr hell wirkt. Mit diesem Tonwert der Farbe füllst du deine Blattflächen zunächst komplett aus.

3 Ist die erste Farbschicht getrocknet, kannst du weniger Wasser und mehr Pigment aufnehmen. Ich nutze an dieser Stelle einen dünnen Schlepperpinsel und ziehe eine Mittellinie von der unteren zur oberen Spitze der jeweiligen Blätter. Mit einem kleinen Rundpinsel fülle ich eine Seite des Blattes mit derselben Farbpigmentierung komplett aus. So entsteht eine dunkle Schattenseite.

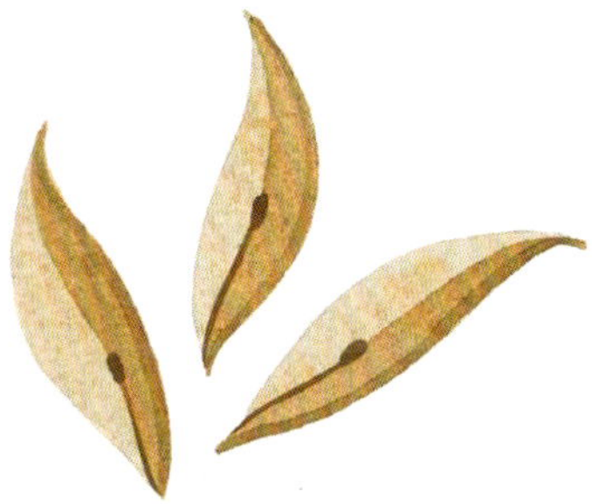

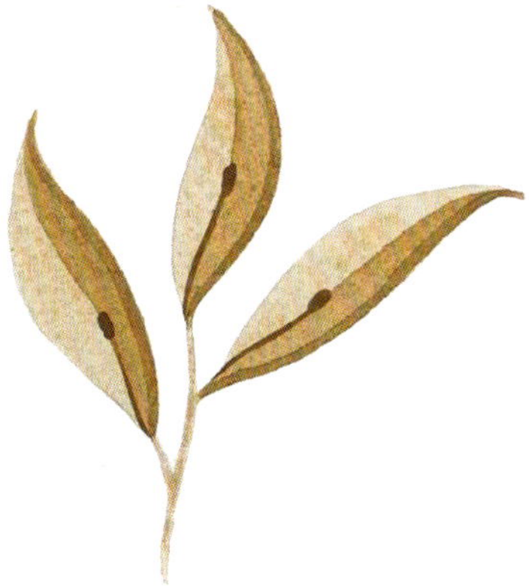

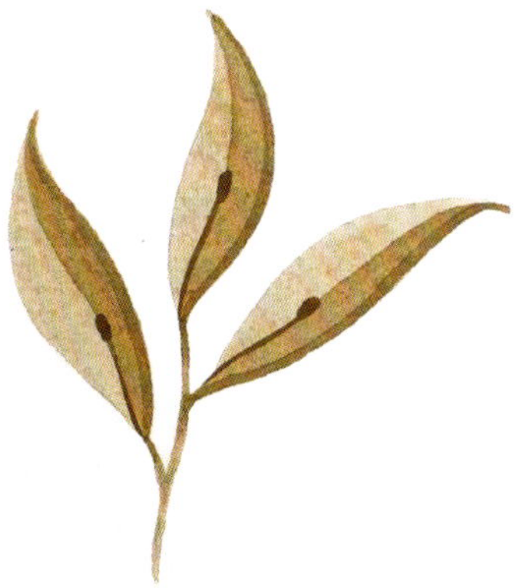

4 Sehr markant ist der kleine Knubbel in der Mitte der Blättchen, hier entspringen beim Mäusedorn die weißlichen Blüten und später die roten Früchte der Pflanze. Male dazu beim getrockneten Ruscus wieder mit dem Schlepperpinsel einen kontraststarken Strich in der Blattmitte, allerdings nur bis zu etwa einem Drittel der Blattlänge. Am Ende des Mittelstrichs setzt du einen kleinen ovalen Punkt; nutze hierfür einen Mini-Rundpinsel. Ziehe außerdem am äußeren Rand deiner Schattenseite einen dunkleren Strich, der den Schatten betont.

5 Wenn alles getrocknet ist, kannst du an dieser Stelle die feinen, dünnen Zweige mit Farbe nachziehen. Dafür kannst du den Grundton aus Schritt 1 verwenden, den wir zum Ausfullen der Blätter genutzt haben.

6 Zu guter Letzt kannst du die Stiele jeweils beim Übergang zu den Blättchen mit dunkleren Pigmenten verstärken. Wenn die Farbe noch leicht feucht ist, lässt sich die dunklere Farbe mit einem klaren, sauberen Pinsel verblenden. So entsteht ein leichter Schatten und der gesamte Zweig wirkt plastischer.

Palmblatt

Wenn ich Palmblätter sehe, bin ich sofort im Urlaubs-Feeling angekommen. Ich denke an blaues Meer und Palmen, die die Landschaft schmücken. Mit einem selbstgemalten Palmblatt in einem Bilderrahmen verwandelst du deinen Wohnbereich, Balkon oder die Terrasse im Nu in einen entspannenden Ort. Also schnapp dir deine warmen, erdigen Aquarellfarben und male in gemütlicher Atmosphäre ein Bohème Palmblatt.

MEINE FARBPALETTE

Orangeton **(981 + 923 + 916)**

Wüsten Braun **(923)**

SONSTIGES

- Wasserglas
- Abtropftuch
- Radiergummi
- Lineal

MATERIALIEN

PAPIER

- Hahnemühle The Collection – Watercolour, cold pressed, 300 g/qm, 24 x 32 cm

PINSEL

- Schrägpinsel Gr. 9
- Rundpinsel Gr. 2
- Schlepperpinsel Gr. 0/3

STIFTE

- Bleistift H

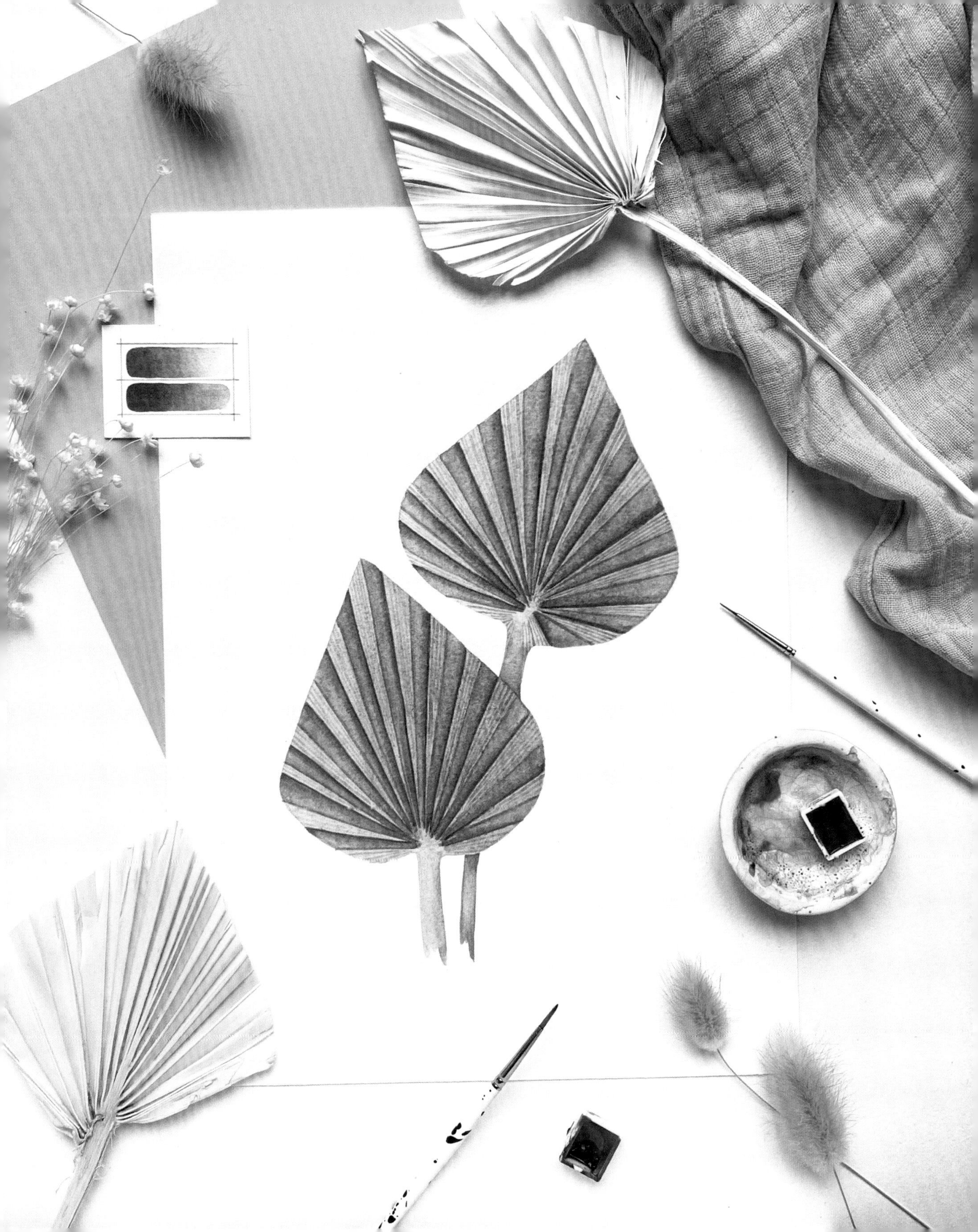

So geht's

1 Da wir das Palmblatt mit einigen Details ausstatten werden, skizziere es nicht zu klein. Male zwei große Dreiecke mit einem leichten Abstand zueinander. Eine Dreiecksseite entspricht bei mir ca. 12 cm. Zeichne bei beiden Dreiecken an der unteren Seite jeweils rechts und links eine große Rundung, diese müssen nicht exakt symmetrisch zueinander sein. Gerne kann eine Rundung etwas größer als die andere sein.

2 Nun zeichne an beide Dreiecke unten einen Stiel, bestehend aus zwei senkrechten Strichen, die nebeneinander liegen. Verbinde den Stiel mit der vorher gezeichneten Rundung, indem du eine kleine Kurve zum Stiel einzeichnest. Wenn dir deine Skizze soweit gefällt, radiere sie leicht weg, damit die Bleistiftstriche gerade noch erkennbar sind, aber später nicht zu sehr durch die Aquarellfarbe durchscheinen.

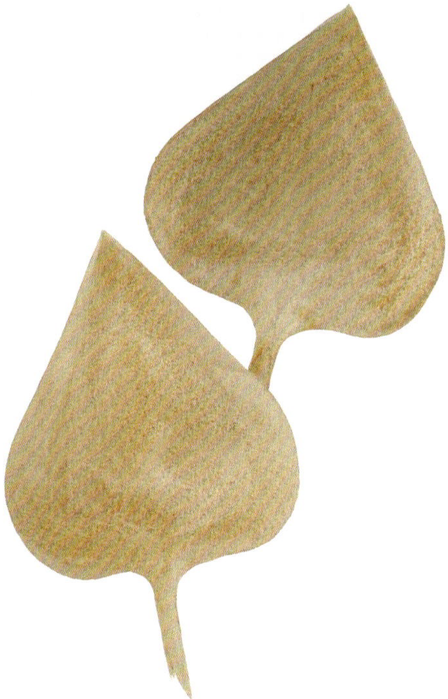

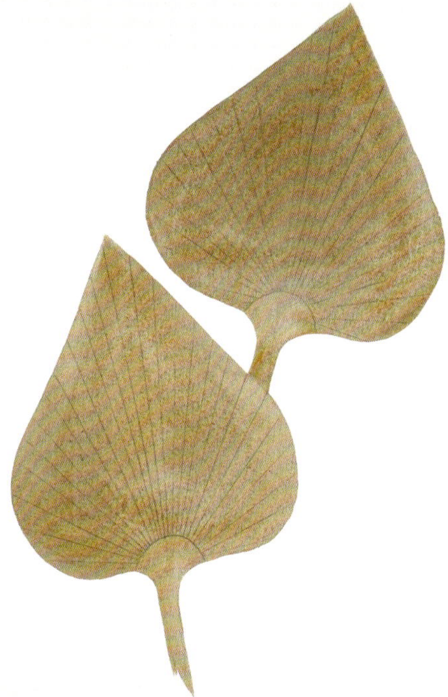

3 Nun mische dir viel Farbe für die Grundierung der Blätter an. Umso mehr, desto besser. Denn dadurch, dass die Dreiecke so groß sind, wird viel Wasser und Pigment gebraucht, um die Fläche zu bedecken. Achte dabei darauf, dass der Tonwert sehr hell ist. Grundiere beide Palmblätter mit deiner ausgewählten Farbe und lass diese Schicht trocknen.

4 Schnapp dir dein Lineal und einen spitzen Bleistift der Stärke H und male oberhalb deines Stiels jeweils einen Halbkreis. Nun beginne je an der Spitze der Blätter und lege dein Lineal so, dass du eine gerade Linie zum Halbkreis ziehen kannst. Führe dieses Prinzip entlang der Ränder der Blätter fort. Achte darauf, dass die Linien desto enger zusammenlaufen, je näher sie dem Halbkreis kommen. Versuche hier dennoch immer einen kleinen Abstand zu gewährleisten. An den Rändern des Palmblattes sollten deine Striche immer ungefähr denselben Abstand zum nächsten Strich haben.

Weiter geht's

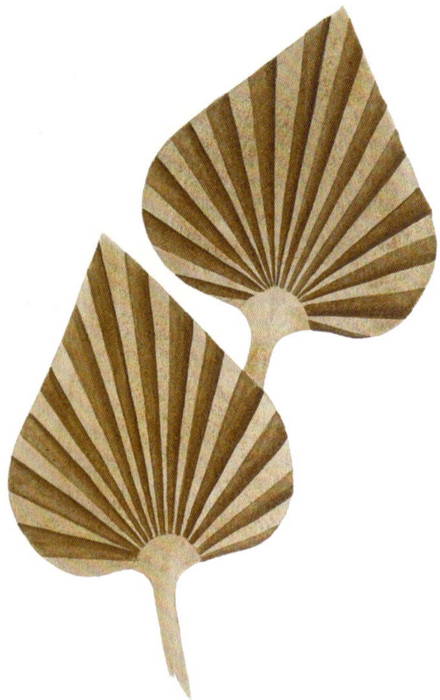

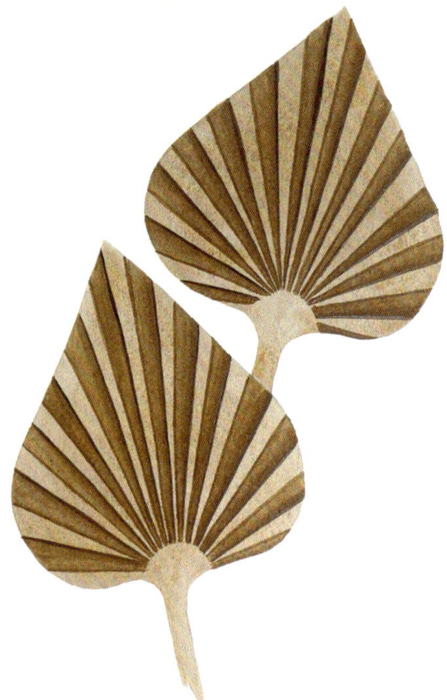

5 Jetzt arbeitest du wieder mit derselben Aquarellfarbe, die du bereits für die Grundierung genutzt hast; diesmal mischst du sie dir aber deutlich dunkler an. Nimm deinen Schlepperpinsel zur Hand und beginne damit, an einer Seite deines Palmblattes einen der im letzten Schritt eingefügten Bleistiftstriche nachzuziehen. Dann fahre den Strich daneben ebenfalls mit Farbe nach. Mit einem Rundpinsel kannst du anschließend die Fläche dazwischen mit Farbe ausmalen, sodass ein „Balken“ komplett mit Farbe gefüllt ist. Den nächsten Balken lässt du aus und beginnst wieder mit dem übernächsten, bis man die Licht- und Schatten-Effekte visuell erkennt.

6 Nun hast du die Chance, vorherige ungerade Linien wieder gerade zu ziehen. Nimm deinen Schlepperpinsel und ziehe an den bisher grundierten Flächen jeweils links einen Strich mit der Farbe, die du im vorherigen Schritt als Grundton verwendet hast. Auf der rechten Seite der jeweiligen Flächen nimmst du ein Dunkelbraun und ziehst damit eine Linie, die einen härteren Schatten andeuten soll.

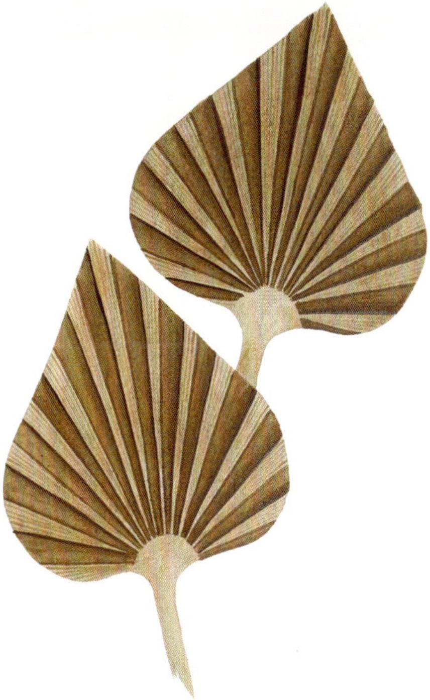

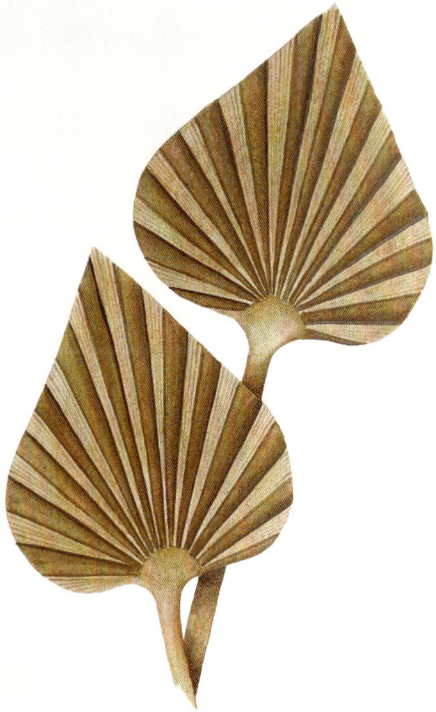

7 Du bleibst weiterhin beim Schlepperpinsel und tauchst ihn in deine Grundierungsfarbe von Schritt 3. Du kannst auch ein paar mehr Pigmente darin vermengen, sodass sie ganz leicht dunkler wird. Denn jetzt kommen die hellen Flächen des Palmblattes dran. Ziehe auf den hellen Bereichen von der Außenkante des Blattes feine Linien zum Mittelpunkt. Da es nach unten immer enger wird, werden nicht alle Striche bis nach unten reichen können. Wenn du merkst, dass du keinen Platz mehr hast, dann höre einfach auf und hebe den Schlepperpinsel vorsichtig nach oben vom Blatt ab.

8 Zuletzt sind die Stiele dran. Das vordere Palmblatt wirft einen Schatten auf das hintere. Tupfe daher ein dunkles Braun auf den hinteren Stiel und verblende es mit dem Grundton. Auch der vordere Stiel bekommt auf der rechten Seite ein wenig dunkle Farbe. Verblende mit einem leicht feuchten Pinsel.

Tipp

Warum denn immer klassische Boho-Farben wählen? Sei mutig und male das Motiv zum Beispiel mit warmen Retro-Farben wie Salbeigrün-, Ocker- und Rosa-Akzenten, um deinen Wänden einen entspannten und lässigen Sommerlook zu verleihen.

Pampasgras

Wenn man an Bohème im Kontext von Flora und Fauna denkt, denkt man automatisch an Pampasgras. Wildes Pampasgras ist eine majestätische Pflanze mit großen, federartigen, meist weißen Blütenrispen. Sie zählt zu den beliebtesten Ziergräsern in deutschen Gärten. Auch Pampasgras als dekoratives Element im Wohnbereich zieht alle Blicke auf sich.

MEINE FARBPALETTE

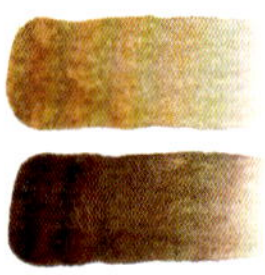

Braunton **(974 + 969)**

Urban Gelb **(916)**

SONSTIGES

- Wasserglas
- Abtropftuch
- Radiergummi

MATERIALIEN

PAPIER

- Hahnemühle Burgund, cold pressed, 250 g/qm, 17 x 24 cm

PINSEL

- Rundpinsel Gr. 1 + 4 + 0/3

STIFTE

- Bleistift HB

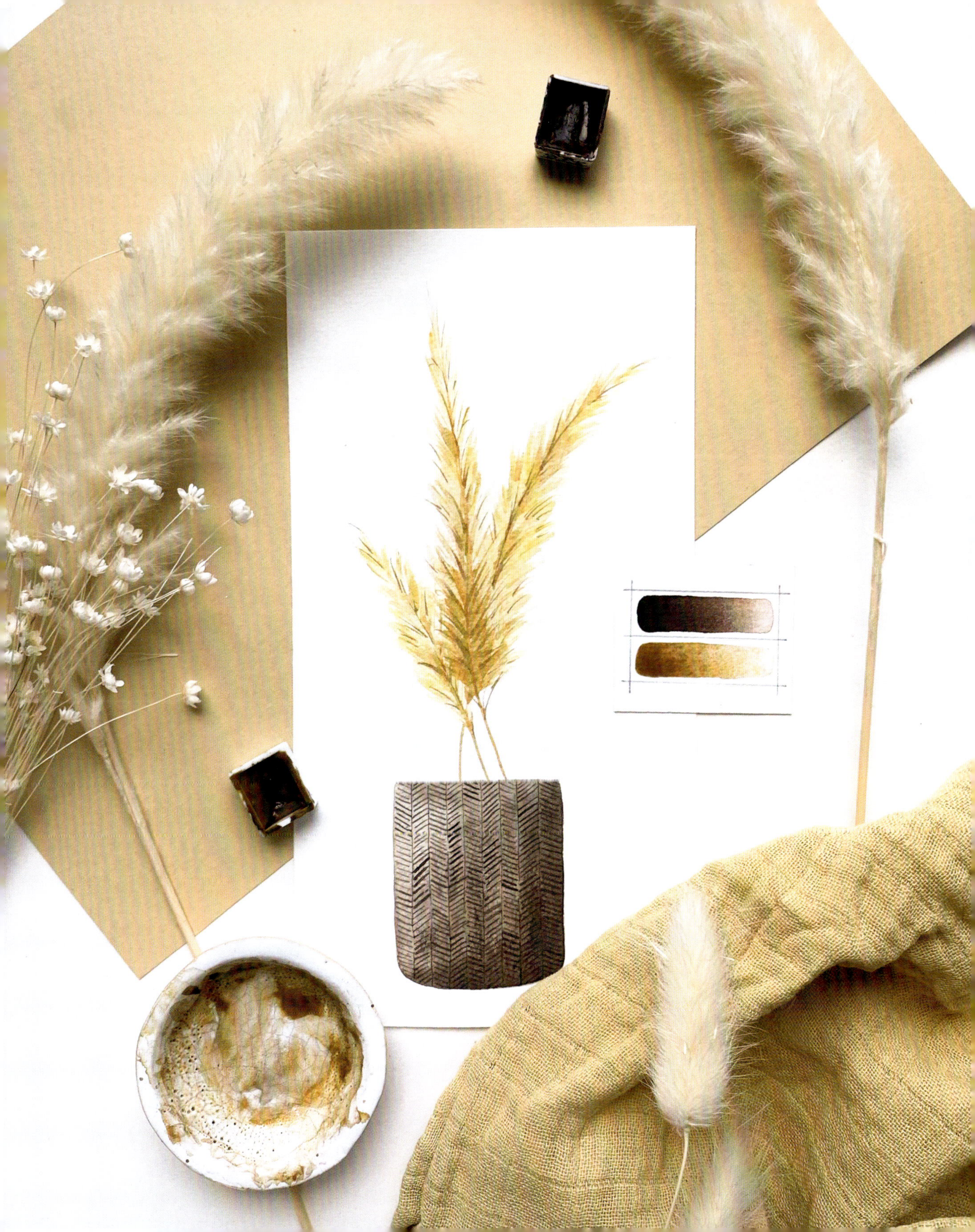

So geht's

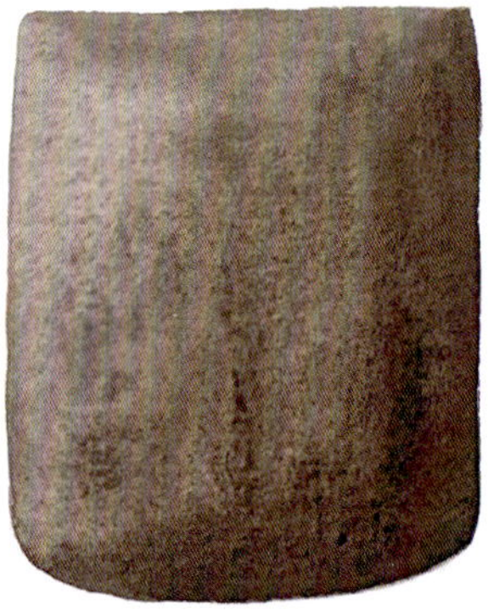

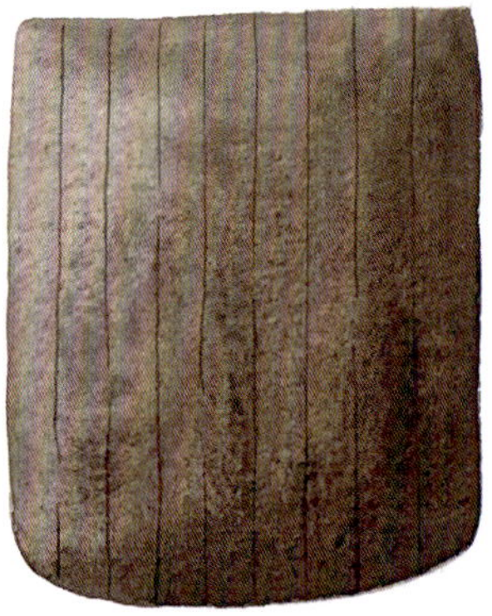

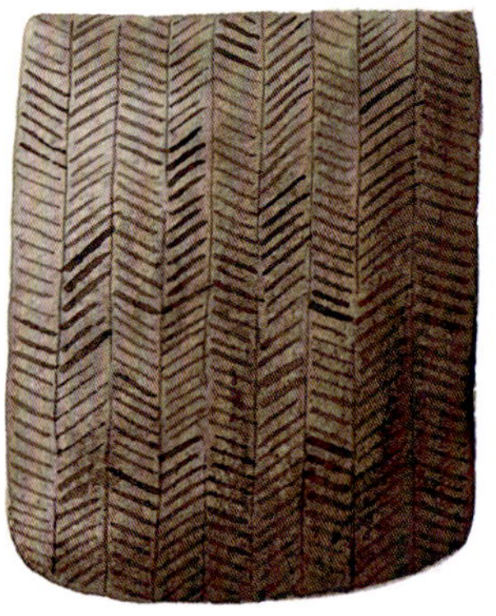

1 Male für den Korb mit deinem Bleistift ein Quadrat im unteren Bereich deines Blattes. Die untere Seite wölbst du an den beiden Ecken links und rechts aus, sodass eine leichte Rundung entsteht. Radiere alles vorsichtig weg, und male deine Fläche mit einem aschigen Braun aus. Hierfür lohnt sich ein größerer Rundpinsel, ich nutze einen in der Größe 4. Achte dabei schon auf Licht und Schatten, mein Korb erscheint beispielsweise oben links heller und unten rechts dunkler. Tupfe hierfür unten und rechts an den Rändern einfach mehr kontrastreichere Pigmente in die noch feuchte Farbe, um Schatten darzustellen.

2 Um dem Korb einen Boho-Look zu verpassen, schnapp dir jetzt deinen Schlepperpinsel und nimm eine höhere Pigmentierung des aschigen Brauns auf. Ziehe zunächst auf einem Schmierblatt feine, dünne Linien von unten nach oben, sie müssen nicht perfekt gerade sein. Wenn du dich sicher fühlst, male senkrechte Linien im gleichen Abstand auf den Korb. Es kann passieren, dass die Linien im dunkleren Bereich untergehen, da sie an manchen Stellen denselben Tonwert wie der Untergrund haben, das ist aber nicht schlimm.

3 Jetzt muss Geduld bewiesen werden. Schnappe dir einen Mini-Rundpinsel und ziehe schräge Striche (in etwa 45 Grad) im wiederkehrenden Abstand zueinander zwischen den senkrechten Linien. Dabei wirkt es schöner, wenn die Strichstärke mal mehr oder weniger dick ausfällt, denn meist werden solche Körbe aus natürlichem Material geflochten, das nicht immer gleich aussieht.

4 Ziehe mit einem Bleistift und leichtem Schwung Linien aus dem Korb heraus in die Höhe. Radiere sie dann vorsichtig wieder weg. Eine ungerade Anzahl an Strichen wirkt für das menschliche Auge harmonischer. Male mit einem Rundpinsel und verdünnter gelber oder ocker Farbe locker aus dem Handgelenk Striche jeweils links und rechts neben den Linien. Lass nun alles trocknen.

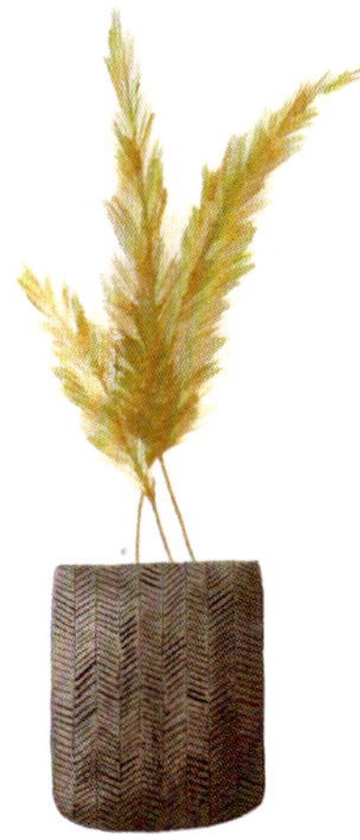

5 Das Vorgehen aus Schritt 4 wiederholst du mindestens zweimal. Achte dabei darauf, dass deine Farbe von Schicht zu Schicht immer mehr Pigmente und immer weniger Wasser enthält. So entstehen die feinen Ebenen, die die federartigen Blütenrispen darstellen. Wenn du hierbei auf unterschiedliche Strichstärken der Linien achtest, wird der Effekt noch spannender und interessanter.

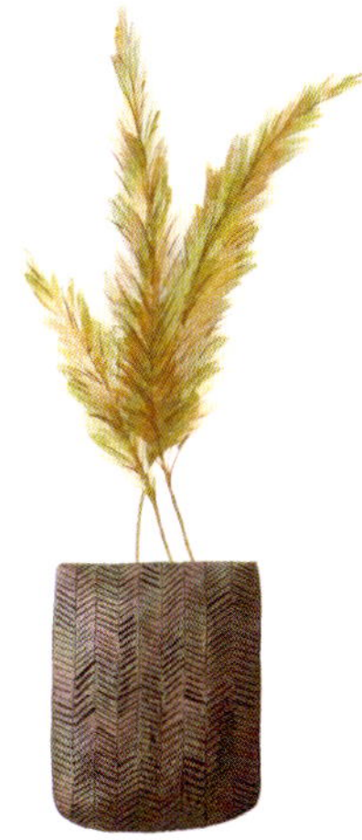

6 Nimm dir jetzt deinen feinsten Pinsel zur Hand, um die oberste Schicht des Pampasgrases einzufügen, die auch die dunkelste sein wird. Nutze dafür ein helles Braun und ziehe vereinzelt feine Striche über die bestehenden Schichten. Diese können mal mehr und mal weniger Abstand zueinander haben, oder an einer Stelle vermehrt, an anderer Stelle weniger gesetzt werden, sodass man die Ebene darunter noch gut erkennt. Auch können diese dunklen Striche mal länger oder kürzer sein, gerader oder gebogener. Wichtig ist, die Anordnung der einzelnen Pampasgräser im Korb zu beachten: Das Pampasgras, das nach vorne gerichtet ist, sollte als Letztes mit feinen Details bearbeitet werden, damit es im Vordergrund liegt.

Tipp

Ungerade Zahlen wirken ansprechender. Daher sollte man beim Malen keine Gruppen aus zwei, vier oder sechs zusammenstellen, sondern stattdessen ein Arrangement aus drei, fünf oder sieben auswählen. Male doch als Übung drei Vasen, Körbe oder Gefäße in unterschiedlichen Größen und Formen gruppiert nebeneinander. Dadurch wirkt die Illustration ansprechend und zugleich abwechslungsreich.

Eukalyptus

Er ist vielseitig, schaut großartig aus und verzaubert uns mit seinem Duft. Eukalyptus ist in den letzten Jahren eine richtige Trendpflanze geworden. Die jungen Triebe haben meist runde oder ovale Blattformen und sind von grün über silber und aschgrau bis bläulich gefärbt. Älteres Laub ist eher länglich oval und matt graugrün. Sein stylischer, exotischer Look wird als Hingucker in vielen Arrangements und Sträußen mit eingearbeitet.

MEINE FARBPALETTE

- Dunkelgrünton **(943 + 942)**
- Auen Grün **(933)**
- Urban Gelb **(916)**
- Wüsten Braun **(923)**
- Urban Braun **(946)**

MATERIALIEN

PAPIER

- Hahnemühle Burgund, cold pressed, 250 g/qm, 17 x 24 cm

PINSEL

- Rundpinsel Gr. 2 + 0/5
- Schlepperpinsel Gr. 0/3

STIFTE

- Bleistift HB

SONSTIGES

- zwei Wassergläser
- Abtropftuch
- Radiergummi

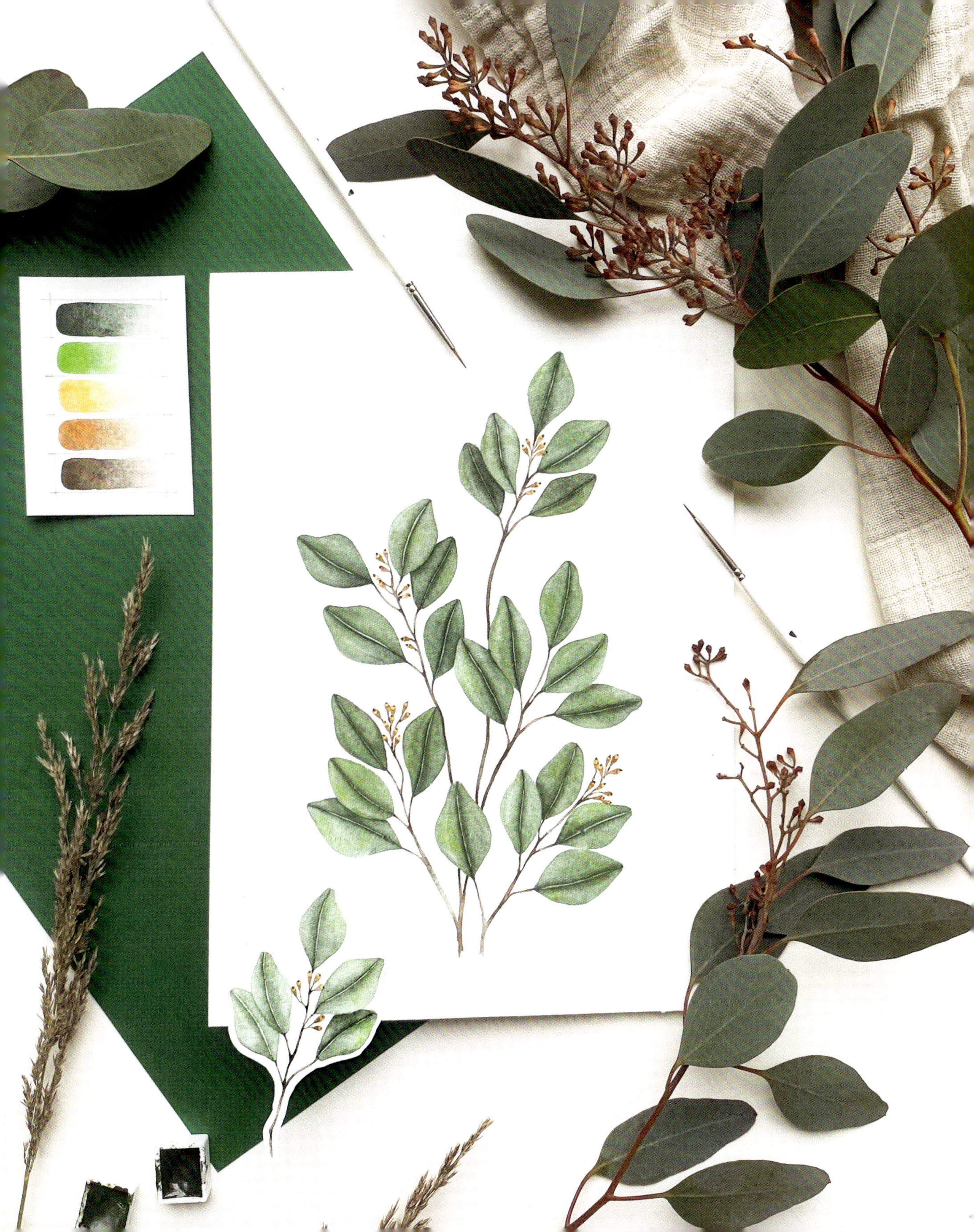

So geht's

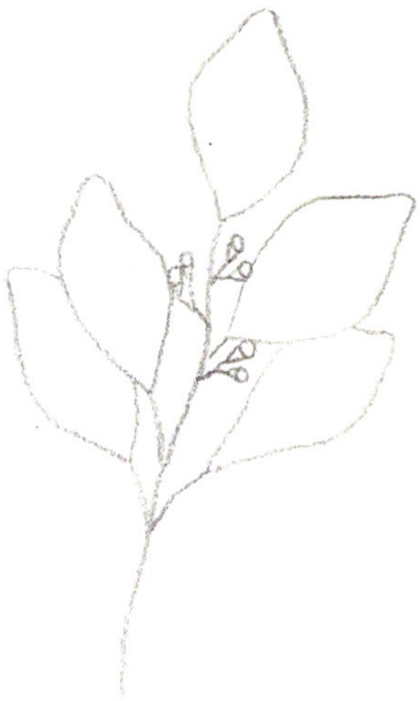

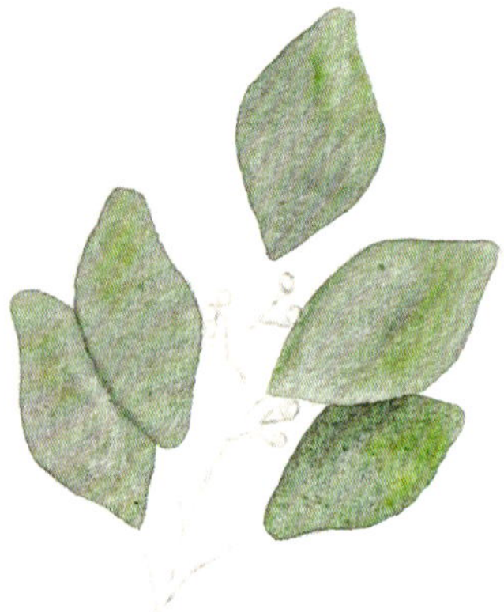

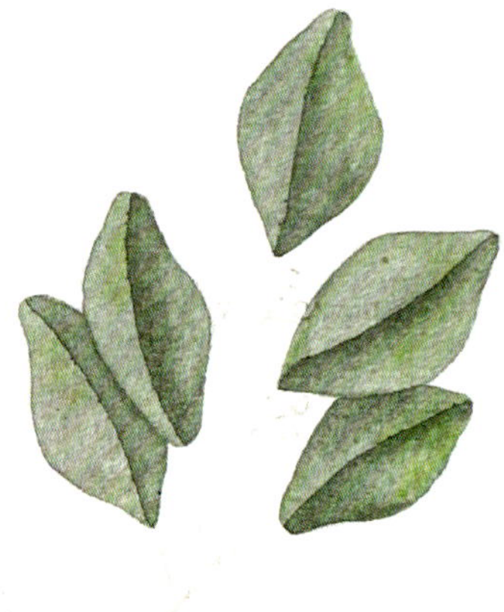

1 Zuerst zeichnest du das oberste Eukalyptusblatt des Zweiges. Nimm dazu einen HB-Bleistift und zeichne eine Raute mit abgerundeten Ecken. Ziehe den Stiel nach unten und zweige davon kleine Ästchen ab. Auch an diese malst du in etwa gleich große Rauten mit abgerundeten Ecken. Jedes Blatt darf individuell aussehen. In den Weißräumen zeichnest du die gelb-braunen Fruchtstände vor, um Abwechslung und einen Kontrast reinzubringen. Die Fruchtstände bestehen aus einem winzigen Kreis und einem umgedrehten Dreieck darunter. Verbinde alle Fruchtstände mit dem Stiel.

2 Radiere deine Vorzeichnung vorsichtig aus, bis man nur noch einen leichten Schimmer des Graphits sehen kann. Befeuchte die gesamten Eukalyptusblätter leicht mit Wasser und trage deinen ersten helleren Grünton auf. Wenn dieser gut verteilt ist, tupfe ich gerne einen zweiten etwas dunkleren Grünton mit hinein, um Akzente zu setzen.

3 Schapp dir deinen Schlepperpinsel, nimm damit ein paar Pigmente von dem dunkleren Ton auf und ziehe jeweils einen senkrechten Strich von der unteren zur oberen Spitze des Blattes. Benetze eine Hälfte des Eukalyptusblattes mit Wasser (nutze dafür einen kleinen Rundpinsel) und ziehe die noch feuchte dunkle Farbe des ersten Striches in die angefeuchtete Hälfte das Blattes. So entsteht ein sanfter Verlauf. Lass alles trocknen.

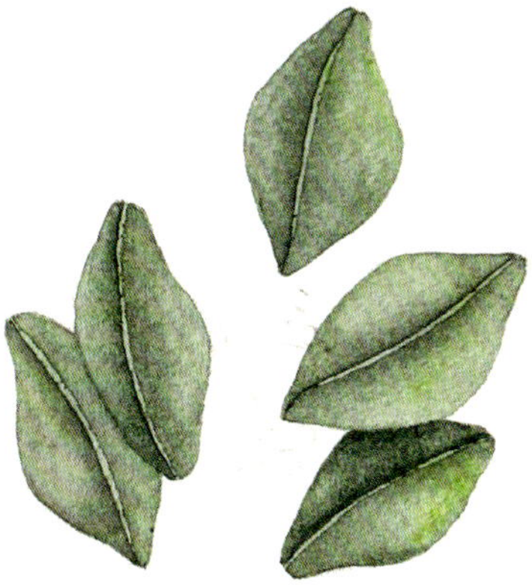

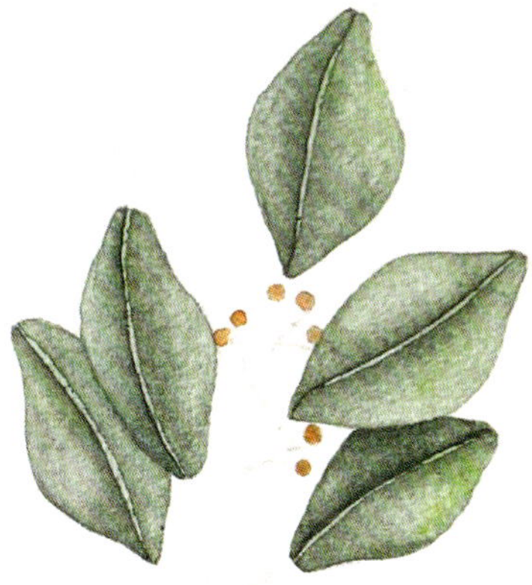

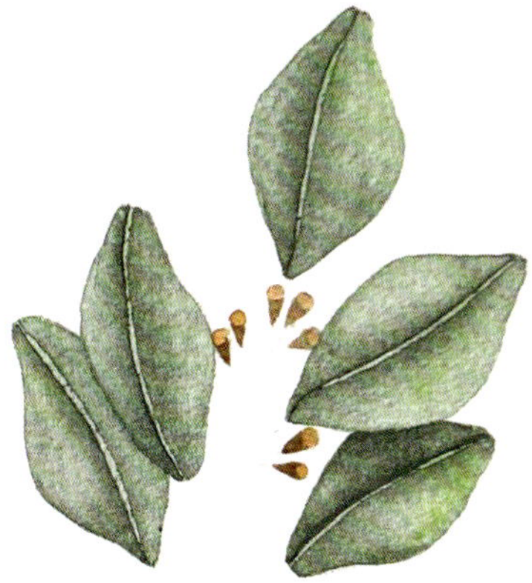

4 Schritt 3 wird nun auf der jeweiligen anderen Seite des Blattes wiederholt. Ziehe erneut einen dunkelgrünen Strich mit dem Schlepperpinsel sehr nah an der ersten Blattader. Gehe dabei sehr vorsichtig vor. Übe diesen Schritt gerne vorab auf einem Schmierblatt, wenn du dir unsicher sein solltest. Befeuchte dann die zweite Blatthälfte wieder mit Wasser und ziehe das noch feuchte Dunkelgrün in den angefeuchteten Bereich, um auch auf dieser Blatthälfte einen schönen Farbverlauf zu kreieren.

5 Nun kommen wir zu den Fruchtständen der Pflanze. Nimm dir deinen kleinsten Pinsel zur Hand und fülle die kleinen Kreise mit hellem Ocker. Hierbei kann es passieren, dass du einen größeren Wassertropfen aufs Papier setzt, der lange braucht, bis er vom Papier aufgenommen wird. Das kann unschöne Wasserränder bescheren. Verwende daher einen leicht feuchten Pinsel und sauge das überschüssige Wasser auf, so vermeidest du die unschönen Ränder und kannst schneller fortfahren.

6 Nun folgt, immer exakt unter dem getrockneten Kreis, das umgedrehte Dreieck. Nutze auch hierfür deinen Minipinsel und färbe die Fläche in einem Mittelbraun ein.

Weiter geht's

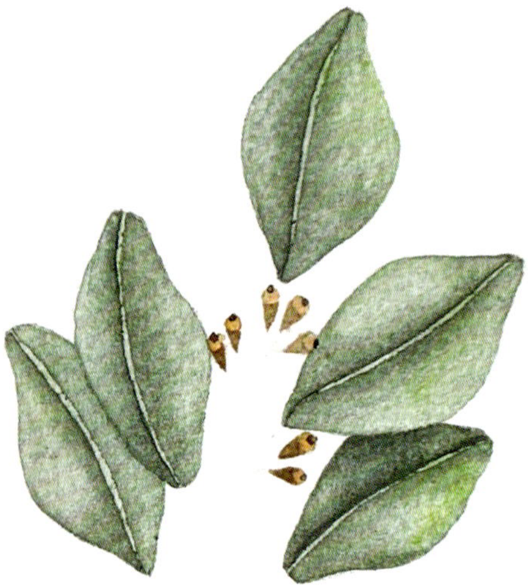

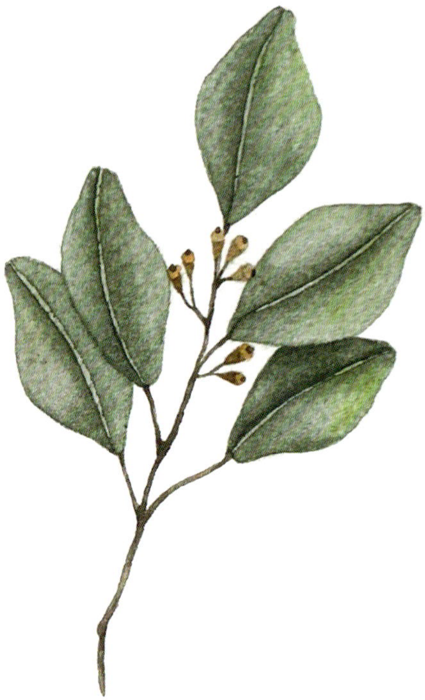

7 Um die Fruchtstände zu vervollständigen, nimmst du ein dunkles Braun und setzt in die ockerfarbenen Kugeln einen feinen Punkt. Diesen kannst du gerne in verschiedenen Positionen setzen, er muss nicht immer oben sitzen.

8 Zuletzt kommen wir zum Stiel. Verbinde alle Blätter und Fruchtstände miteinander. Male an den Zweigverbindungen gerne Verdickungen mit hinein, aber auch schiefe Stiele mit leichten Ecken und Rundungen sind herzlich willkommen und lassen den Zweig natürlicher wirken.

Exkurs: Wasserränder

Man kann Wasserränder als Stilmittel mit einarbeiten, ich persönlich mag sie aber gar nicht leiden. Eventuell liegt es daran, dass ich für diese Technik die Kontrolle abgeben muss, was ich nicht kann und möchte. Wasserränder entstehen meist, wenn man zu viel Wasser auf einmal verwendet, das die Pigmente nach außen drückt und verschiebt. Es entsteht eine kleine Pfütze auf deinem Aquarellpapier und es dauert gefühlt Ewigkeiten, bis das Wasser sowie die Pigmente (an teils unerwünschter Stelle) ins Papier einziehen. Wenn du mehr Wasser als beabsichtigt aufs Blatt gebracht hast, dann nutze gerne ein Taschentuch oder einen Baumwolllappen, der das Wasser vom Papier wieder aufnehmen kann, und tupfe es vorsichtig ab. Auch ein Pinsel funktioniert wunderbar, wenn er nicht zu trocken, aber auch nicht mit Wasser vollgesogen ist. Mit beiden Mitteln hast du die Chance, unerwünschte Wasserränder noch schnell zu vermeiden.

Achte auf folgende drei Dinge:

- Bringe gleich zu Beginn nicht zu viel Wasser aufs Papier auf.
- Arbeite anschließend nicht zu nass.
- Wähle Papier mit hoher Qualität: Baumwollpapier ist besonders saugfähig.

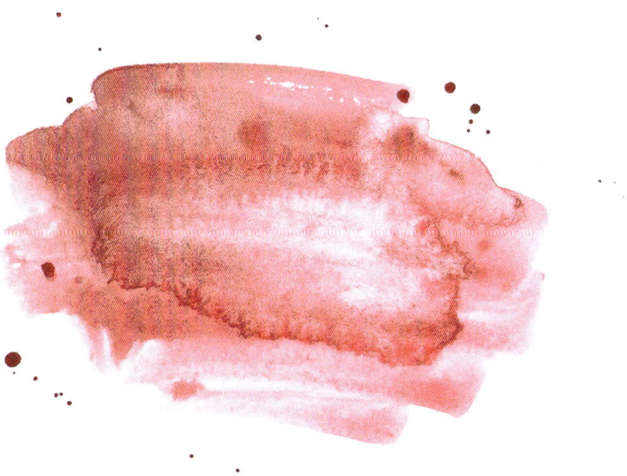

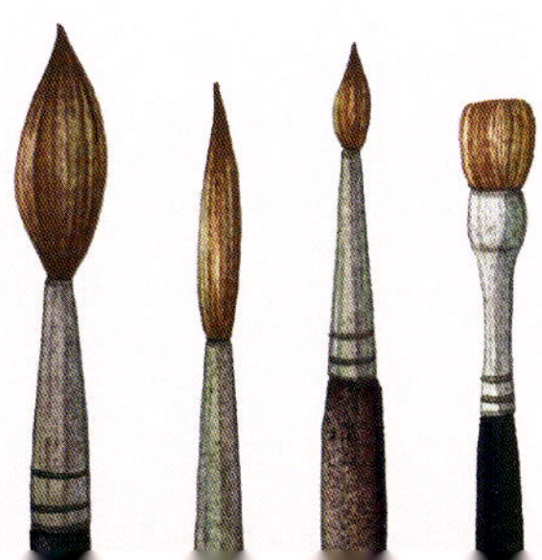

Silberblatt

Das Silberblatt, auch Lunaria, Mondviole oder Judas-Silberling genannt, hat im Sommer bunte Blüten, und zarte silberne Blättchen im Winter. So ist diese Pflanze ganzjährig ein Hingucker im Garten. Namensgebend für das Silberblatt sind die silbrig glänzenden, sehr zarten Samenstände. Das Blatt ist eiförmig bis rund und zunächst von einer braunen pergamentartigen Hülle umgeben.

MEINE FARBPALETTE

Gelbton **(916 + 926)**

SONSTIGES

- Wasserglas
- Abtropftuch
- Radiergummi

MATERIALIEN

PAPIER

- Hahnemühle Burgund, cold pressed, 250 g/qm, 17 x 24 cm

PINSEL

- Rundpinsel Gr. 2
- Schlepperpinsel Gr. 0/3

STIFTE

- Bleistift HB

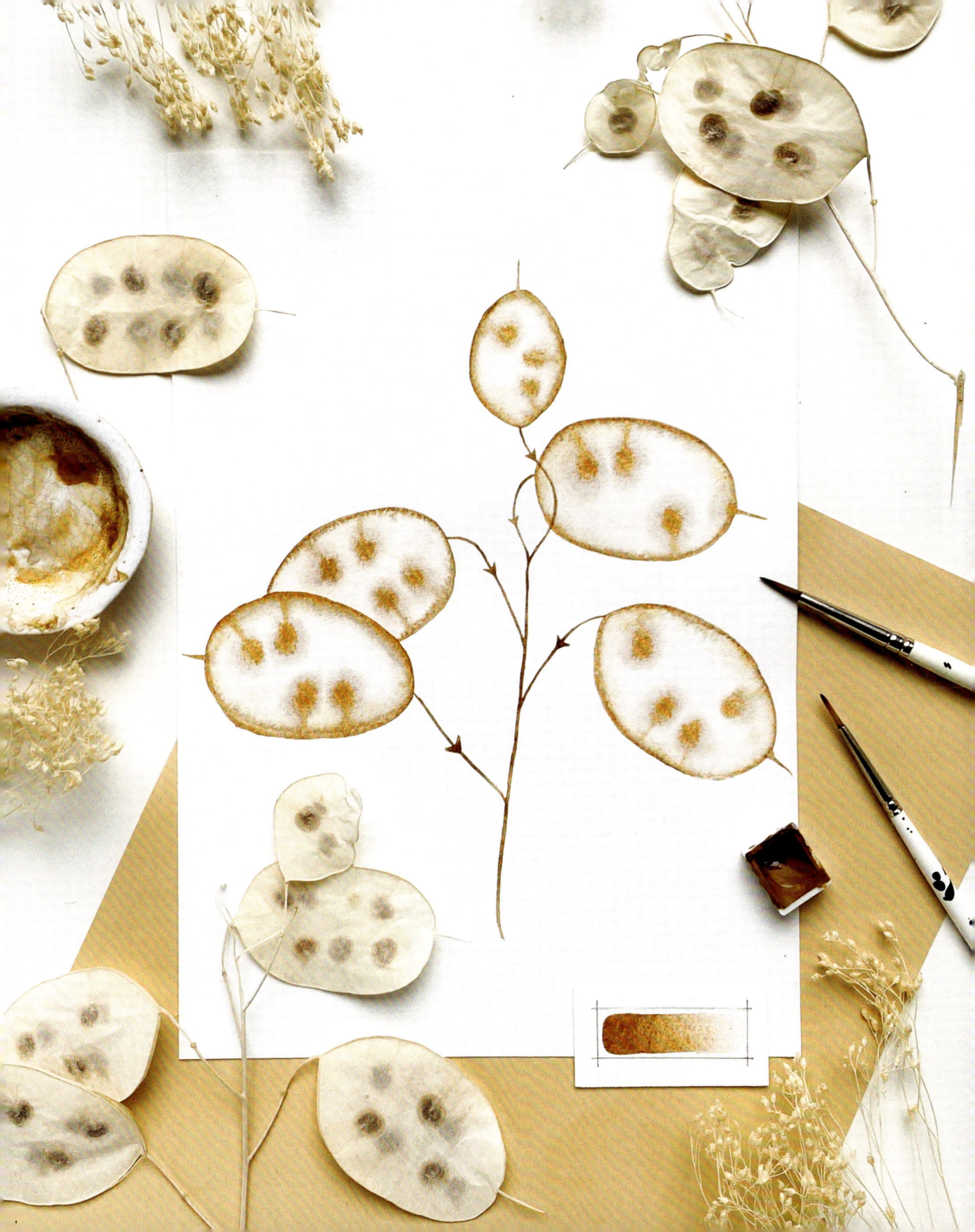

So geht's

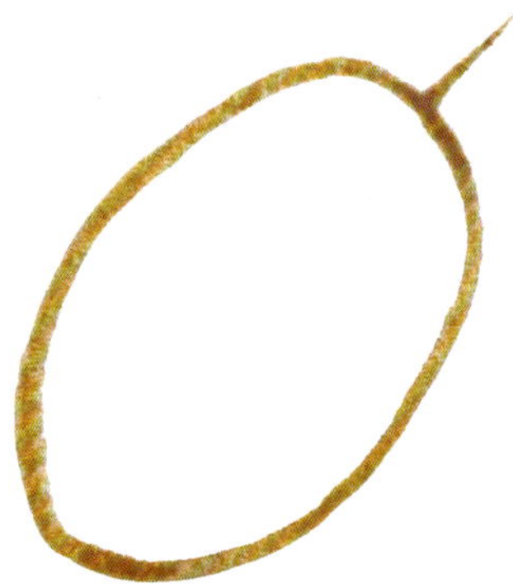

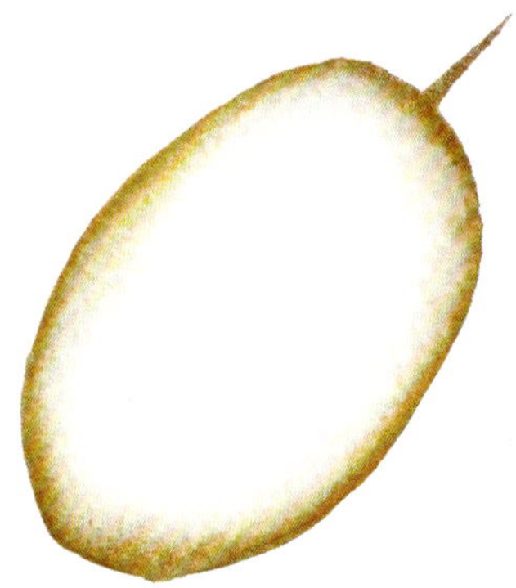

1 Beginne deine Vorzeichnung mit einem ovalen Kreis, der auf einer Seite leicht spitz zuläuft. Von dieser Spitze ausgehend zeichnest du den Stiel. An diesen fügst du mit geringem Abstand zum Blatt einen kleinen Knoten hinzu, ich habe ihn als kleinen Pfeil skizziert. Zu guter Letzt fehlt am oberen Blattende noch ein kleiner Stachel.

2 Ziehe mit einem Rundpinsel und dunklem Braun die äußere Kontur des Silberblattes nach. Auch der Stachel sollte in diesem Schritt eingefärbt werden und spitz zulaufen, dies gelingt am besten mit einem Minipinsel.

3 Jetzt musst du schnell sein. Greife zum größeren Rundpinsel, befeuchte ihn mit klarem Wasser und benetze damit das Innere des Blattes. Wenn dieser Bereich komplett feucht ist, berühre mit dem Pinsel vorsichtig die noch nasse Umrandung. In dem Moment der Berührung fließen die Pigmente mit einem leichten Verlauf ins Blattinnere.

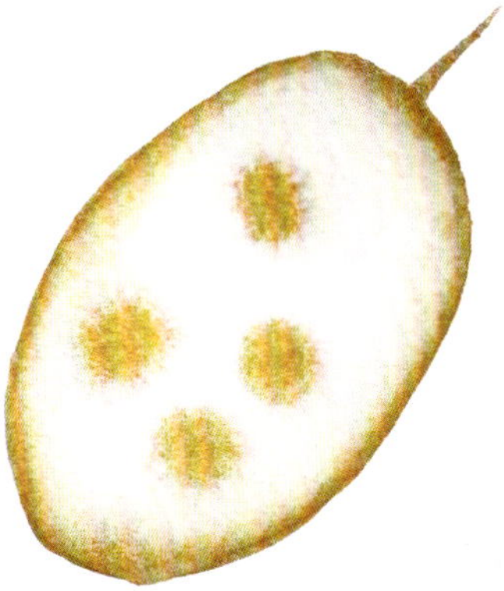

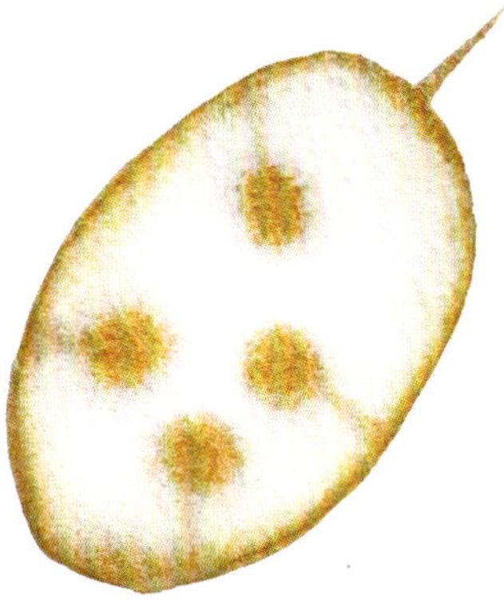

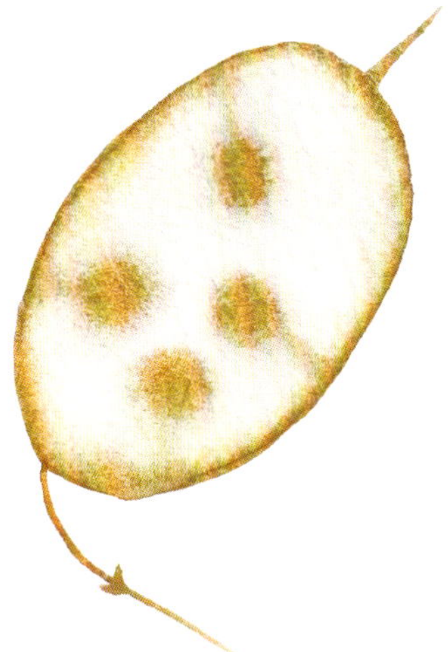

4 Nun musst du den perfekten Moment abwarten, der Innenteil darf nicht zu nass, aber auch nicht zu trocken sein. Schaue schräg aufs Papier; wenn es noch leicht glänzt, tupfe deine Aquarellfarbe ein paar Mal mit etwas Abstand in die Mitte des Blattes, um die Samen darzustellen. Es entstehen kontrastreiche Punkte, die sich mit dem transparenteren Blattinneren verbinden. Du kannst so viele Samen abbilden, wie dir lieb ist.

5 Ziehe schnell, solange sich dein Motiv noch in diesem feuchten Zustand befindet, mit einem Schlepperpinsel feine Linien von den Samen zur äußeren Umrandung. Wenn dir deine Punkte durch das Zerfließen der Pigmente anschließend zu hell erscheinen, kannst du gerne noch ein bisschen Farbe nachträglich hineintupfen.

6 Zum Schluss malst du deinen Stiel. Achte darauf, dass du den Knoten ebenfalls mit anmalst. Es kann sein, dass dir dein erstes, zweites und auch drittes Silberblatt nicht auf Anhieb gelingt. Du wirst es aber mit der Zeit und mit intensiver Übung schaffen!

Mohnkapsel

Diese kleinen Samenkapseln bringen natürliche Schönheit in jeden Raum. Sie gehören zum sogenannten Schlafmohn und haben Färbungen von braun über taupe bis zu ocker. Schlafmohn ist ein Verwandter des Klatschmohns, den du bestimmt schon mal im Sommer am Wegesrand oder in der Nähe von Feldern gesehen hast. Im Gegensatz zum roten Klatschmohn sind seine Blüten aber lila.

FUN FACT Die Mohnkapseln waren das erste Motiv, das ich für dieses Buch gemalt habe. Die faszinierenden Samenkapseln des Schlafmohns sind noch viel runder als die des Klatschmohns, der eher kegelförmige Samenkapseln hat.

MEINE FARBPALETTE

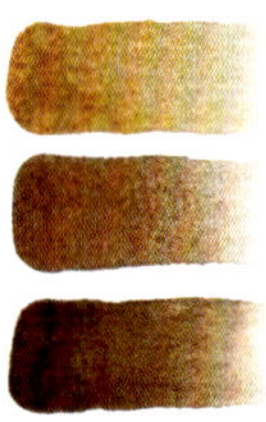

- Urban Gelb **(916)**
- Wüsten Orange **(922)**
- Wüsten Braun **(923)**

SONSTIGES

- Wasserglas
- Abtropftuch
- Radiergummi

MATERIALIEN

PAPIER

- Hahnemühle The Collection – Watercolour, cold pressed, 300 g/qm, 24 x 32 cm

PINSEL

- Rundpinsel Gr. 2 und 0
- Schlepperpinsel Gr. 0/3

STIFTE

- Bleistift HB

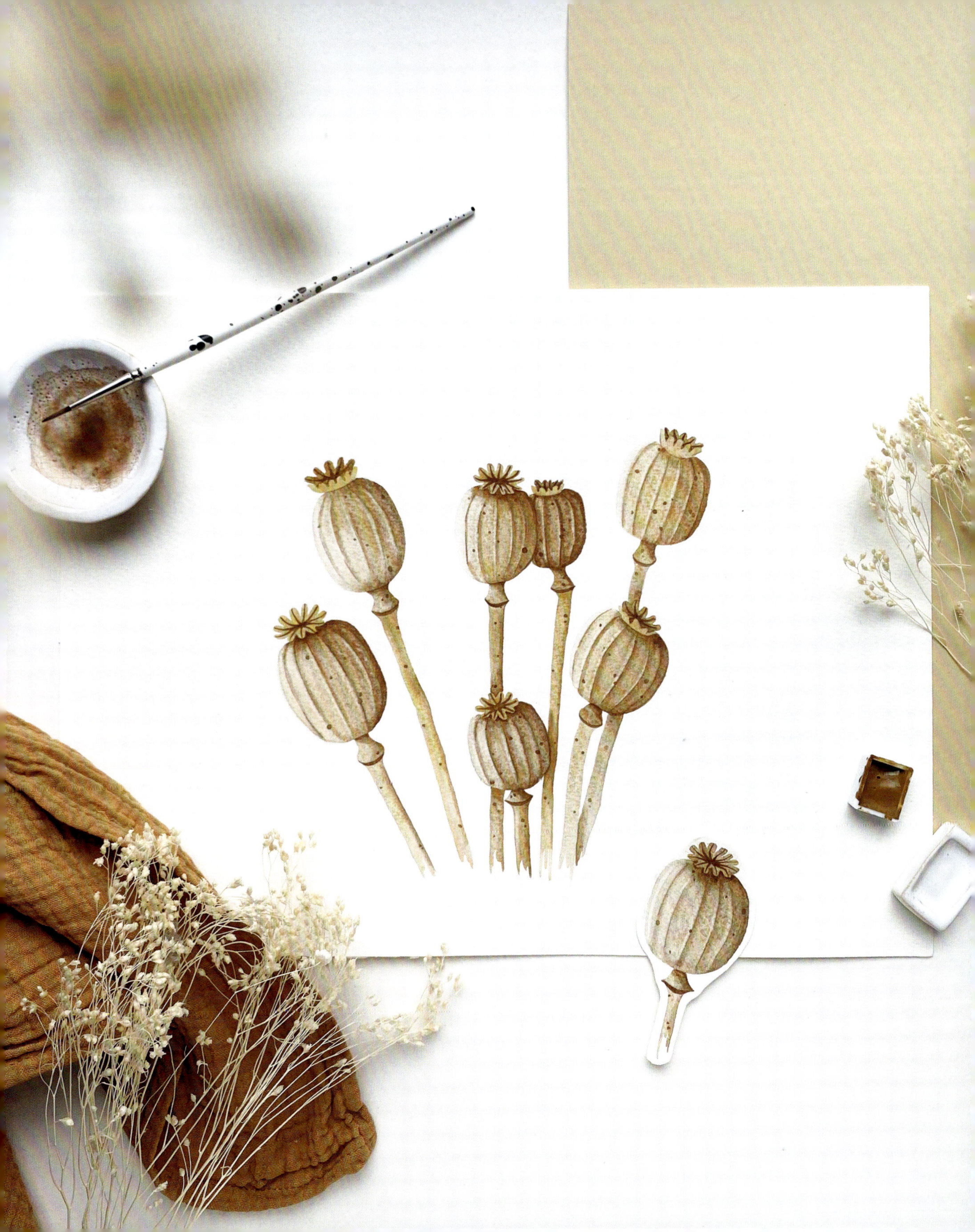

So geht's

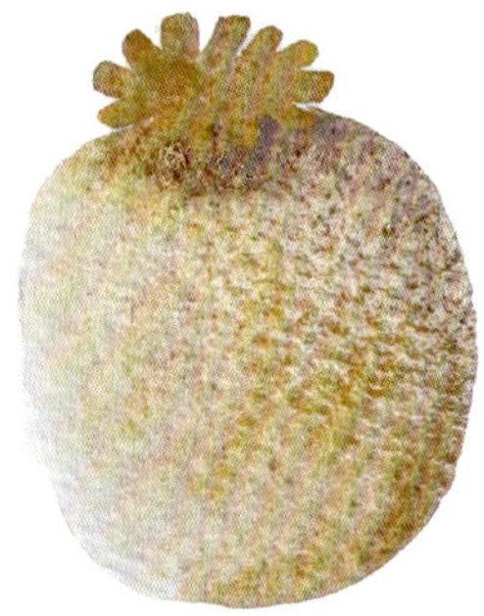

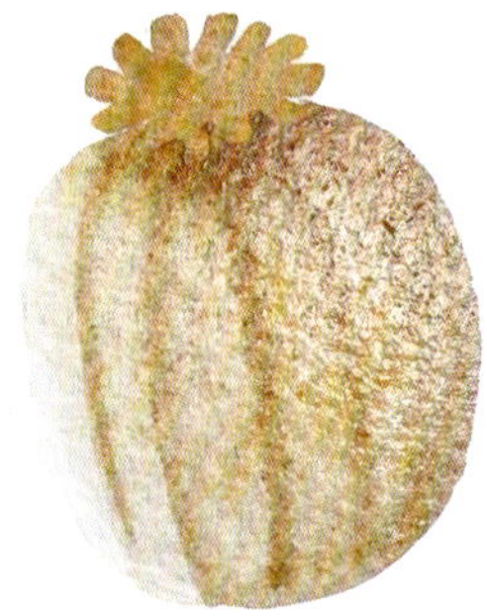

1 Zeichne mit Bleistift ein Quadrat, an dem alle Ecken abgerundet sind. Darauf setzt du einen eher länglichen ovalen Kreis, der den Kopf der Kapsel darstellt. An dessen Rand kannst du kleine Einkerbungen einarbeiten. Nun zeichne mit zwei parallelen Strichen unter dem abgerundeten Quadrat einen Stiel. Die Besonderheit dabei ist, dass der Stiel sich einmal horizontal teilt. Bei dieser Teilung entsteht eine Art Knoten, den du durch eine Verdickung des Stiels und eine horizontale, gewölbte Linie darstellen kannst.

2 Auch bei diesem Motiv wird der Bleistift leicht wegradiert, bevor man den Kopf der Samenkapsel, der ein wenig aussieht wie eine Krone, mit einem Mittelbraun grundiert. Wenn dieser getrocknet ist, befeuchte den Körper der Kapsel mit klarem Wasser und gib helles Ocker hinein. Wie immer ist bei meinem Motiv die hellste Stelle oben links und unten rechts die dunkelste. Tupfe im Schattenbereich mehr Pigmente in die noch feuchten Stellen und lass sie verlaufen.

3 Während das Motiv noch feucht glänzt, schnappe dir deinen Schlepperpinsel mit dem Ockerto und ziehe senkrechte Linien. Versuche in deine Striche jeweils oben und unten eine kleine Rundung einzubauen, die sich verstärkt, je näher du dem äußeren Rand deiner Kapsel kommst. So kannst du die Rundung der Kapsel visuell andeuten.

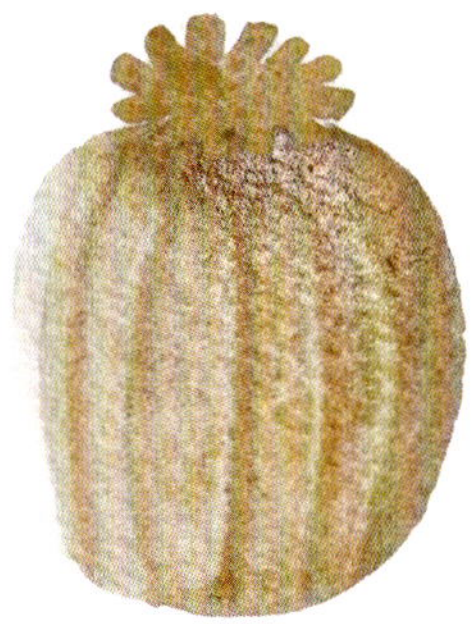

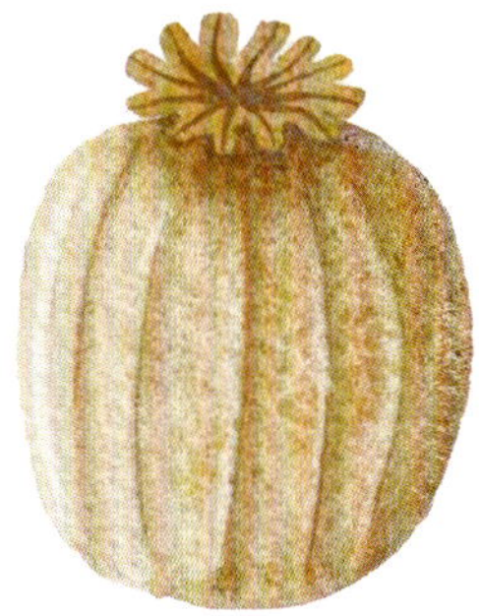

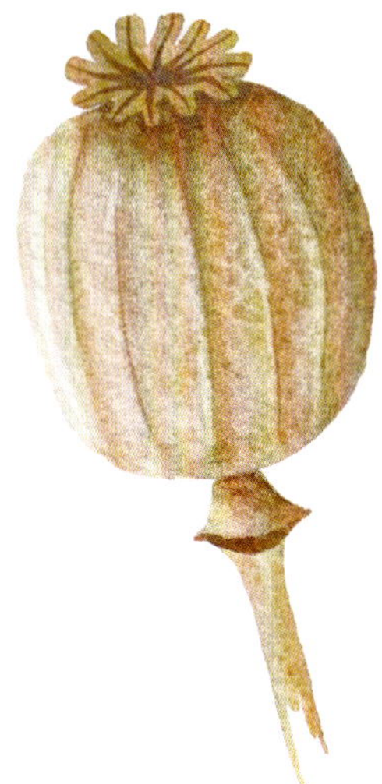

4 Im Anschluss behältst du deinen Schlepperpinsel in der Hand, befeuchtest ihn nur ganz leicht und ziehst ihn über dein Abtropftuch, sodass er fast trocken ist. Dann ziehst du deinen Pinsel senkrecht exakt neben deinen vorher gezogen braunen Strichen entlang und nimmst somit einige der Pigmente wieder auf. So scheint das Weiß des Papiers wieder hindurch und es wirkt wie eine Lichtkante. Nun lässt du alles trocknen.

5 Mit demselben Pinsel nimmst du nun wenig Wasser und viele Pigmente auf und ziehst einen feinen Strich genau zwischen der Licht- und Schattenkante. Oben am Kopf kannst du ebenfalls sternförmige Linien von der Mitte nach außen ziehen.

6 Grundiere anschließend auch deinen Stiel. Achte darauf, dass direkt unter der Mohnkapsel ein Schatten entsteht, weshalb ich hier mehr dunklere Pigmente einarbeiten würde. Überprüfe, ob du alle Schattierungen gesetzt hast und dir deine Mohnkapsel gefällt. Ich nutze gerne noch kleine Punkte als Stilmittel, die ich willkürlich setze. Und voilà, deine Mohnkapsel ist fertig!

Lotus

Als ich meinem Mann das Titelbild des getrockneten Lotus zeigte, bemerkte er, dass das doch die Blume ist, die man häufig auf Grabgestecken sieht. Tatsächlich wird sie dort oft verwendet. Einige andere kennen den Lotus als heilige Wasserpflanze, die für Ruhe und Gelassenheit steht. Aus der großen, wabenförmigen Frucht, die mit Samen-Löchern übersät ist und die auf einem langen steifen Stiel sitzt, entsteht die Lotusblume, wie man sie für Trockensträuße und -gestecke verwendet. Die braune, fast schwarze Farbe bietet gegenüber den hellen, herkömmlichen Trockenblumen einen schönen, kräftigen Kontrast.

MEINE FARBPALETTE

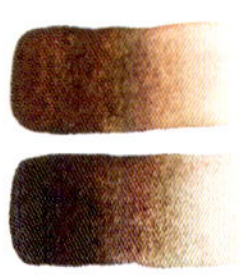

Braunton **(971 + 974 + 964 + 915)**

Vulkan Braun **(915)**

SONSTIGES

- Wasserglas
- Abtropftuch
- Radiergummi

MATERIALIEN

PAPIER

- Hahnemühle The Collection – Watercolour, cold pressed, 300 g/qm, 24 x 32 cm

PINSEL

- Rundpinsel Gr. 2 und 0
- Schlepperpinsel Gr. 0/3

STIFTE

- Bleistift HB

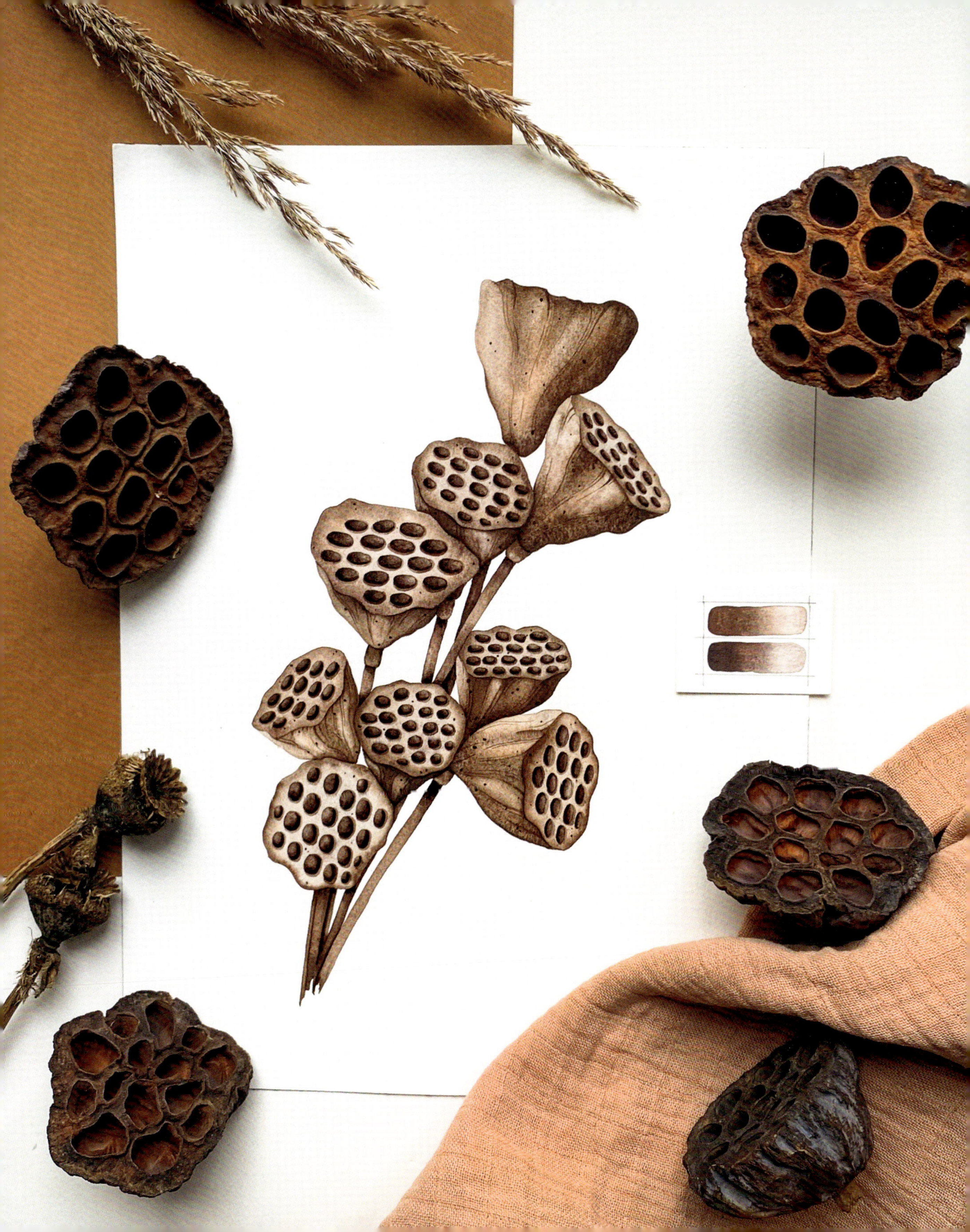

So geht's

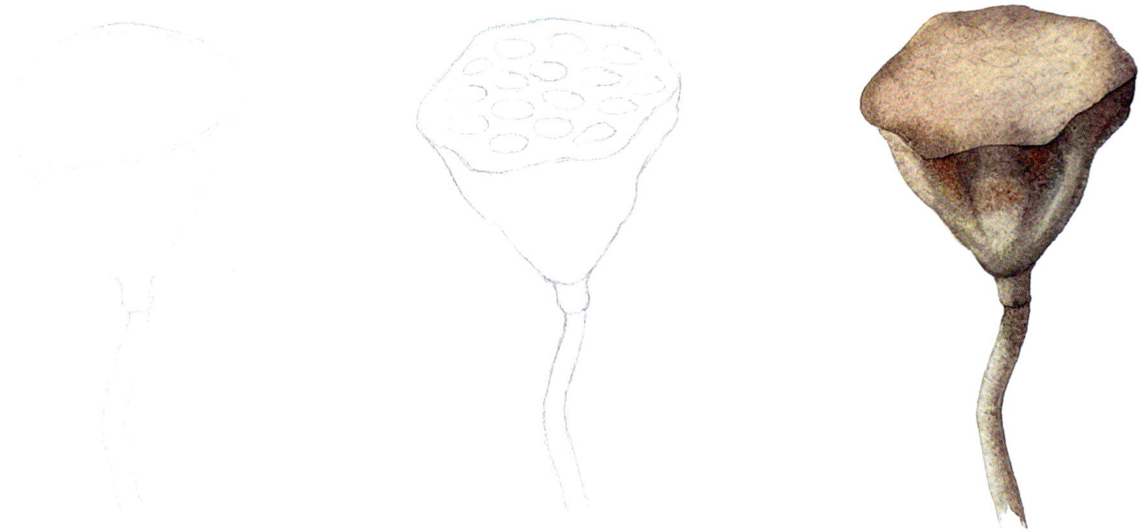

1 Beginne deine Vorzeichnung mit einem ovalen Kreis in der oberen Hälfte des Blattes. Darunter zeichnest du ein umgedrehtes, leicht abgerundetes Dreieck. An der unteren Dreiecksspitze fügst du ein kleines Quadrat hinzu, und darunter zwei senkrechte Linien, die als Stiel dienen. Das ist unser Grundgerüst für den getrockneten Lotus.

2 Erwecke nun deine geometrischen Formen zum Leben und zeichne ein paar leichte Wellen und Unebenheiten in deine bisherige Skizze. Zeichne auch die charakteristischen Löcher in dein Oval, wobei zum Rand und zu den anderen kleinen Ovalen immer ein wenig Platz freibleiben sollte. Deine kleinen Ovale können mal größer und mal kleiner, mal länglicher oder gestauchter sein.

3 Grundiere die Oberfläche des Lotus. Tupfe am Rand mehr Pigmente hinein, da die Umrandung höher gewachsen ist als die Fläche mit den kleinen dunklen Ovalen. Gehe zum Mantel deiner Blume über. Achte dabei auf die zuvor gezeichneten Unregelmäßigkeiten, so erhält der Lotus lebendige Licht- und Schatten-Effekte. Behalte im Kopf, aus welcher Richtung das Licht auf dein Motiv fällt. Wenn eine Rundung zu dir gerichtet ist und das Licht von links oben kommt, solltest du den Teil links der Rundung heller halten. Beachte: Aquarellfarbe wird beim Trocknen heller. Male auf diese Art auch den Stiel sowie den Übergang zur Blume aus.

Tipp

Formen sind die Grundbausteine von allem, was wir sehen. Baue deine Ideen zu einem Motiv daher zunächst immer grob aus geometrischen Formen zusammen. Diese dienen in der Kunst als konstruktives Hilfsmittel bei jeder Skizze.

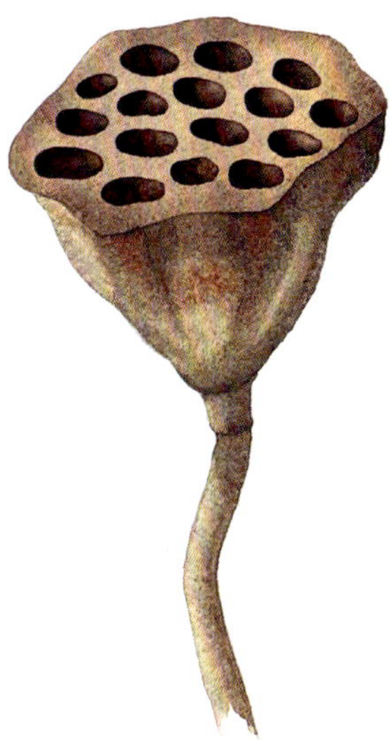

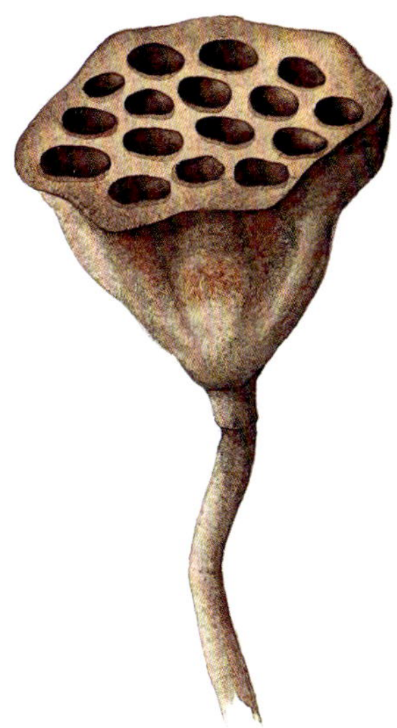

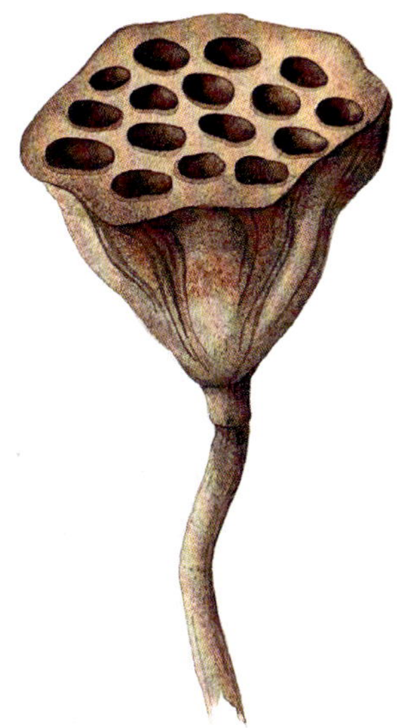

4 Nun kommen wir zu den charakteristischen Ovalen. Auch hier musst du das Zusammenspiel von Licht und Schatten beachten, nur dass es hier umgekehrt ist wie zuvor. Der Lichteinfall, wenn dieser von links oben kommt, beleuchtet das Innere der Ovale rechts heller und links dunkler. Auf der Schattenseite kannst du mit vielen starken Pigmenten arbeiten, denn die Löcher gehen tief in die Lotusblume rein.

5 Da auch die Ränder der Löcher leicht erhaben sind, werfen diese einen leichten Schatten auf die Grundfläche. Mit einem Minipinsel habe ich unter Beachtung des Lichteinfalls schräg unterhalb der Löcher und leicht nach rechts geneigt einen Schatten gesetzt. Beachte, dass dieser nicht so dunkel wie das Innere der Ovale ist, aber auch nicht so hell wie die Grundierung. Außerdem habe ich die äußere Umrandung des Lotuskopfes nochmal mit dunkleren Pigmenten verstärkt und diesen mit einem leicht feuchten Pinsel verstrichen, damit ein sanfter Übergang entsteht.

6 Der Körper des getrockneten Lotus ist leicht geriffelt, was man recht einfach visualisieren kann. Nimm dir dafür deinen Schlepperpinsel und male mit vielen Pigmenten und wenig Wasser leichte Wellen, die senkrecht von der Grundfläche zum Stiel verlaufen. Behalte dabei den Lotus als Gesamtes im Überblick, denn die gezeichneten Linien sollten den Rundungen der Blume entsprechen.

Boho-Kranz

In den vorangegangenen Projekten hast du inzwischen einige Gräser, Blumen und Blätter kennengelernt, sowie verschiedene Herangehensweisen und Techniken. Jedes dieser Trockenstrauß-Elemente ist alleinstehend schon bezaubernd. Fügen wir nun ein paar zusammen, fühlt es sich an wie eine Boho-Explosion! Ich zeige dir, wie du im Handumdrehen einen fabelhaften Kranz mit einigen bekannten Elementen zauberst, und zusätzlich eine neue Blume mit einbaust.

MEINE FARBPALETTE

Vulkan Gelb **(911)**

Gelbton **(911 + 921)**

Braunton hell **(916 + 921 + 923)**

Braunton dunkel **(971 + 974 + 964 + 915)**

Vulkan Braun **(915)**

Urban Gelb **(916)**

Wüsten Braun **(923)**

Wüsten Orange **(922)**

Grünton **(932 + 941)**

Nebel Schwarz **(970)**

MATERIALIEN

PAPIER

- Hahnemühle The Collection – Watercolour, cold pressed, 300 g/qm, 24 x 32 cm

PINSEL

- Rundpinsel Gr. 2, 0 + 0/3
- Schlepperpinsel Gr. 0/3

STIFTE

- Bleistifte HB, B + H

SONSTIGES

- Wasserglas
- Abtropftuch
- Radiergummi
- Kreiszeichner
- Lineal

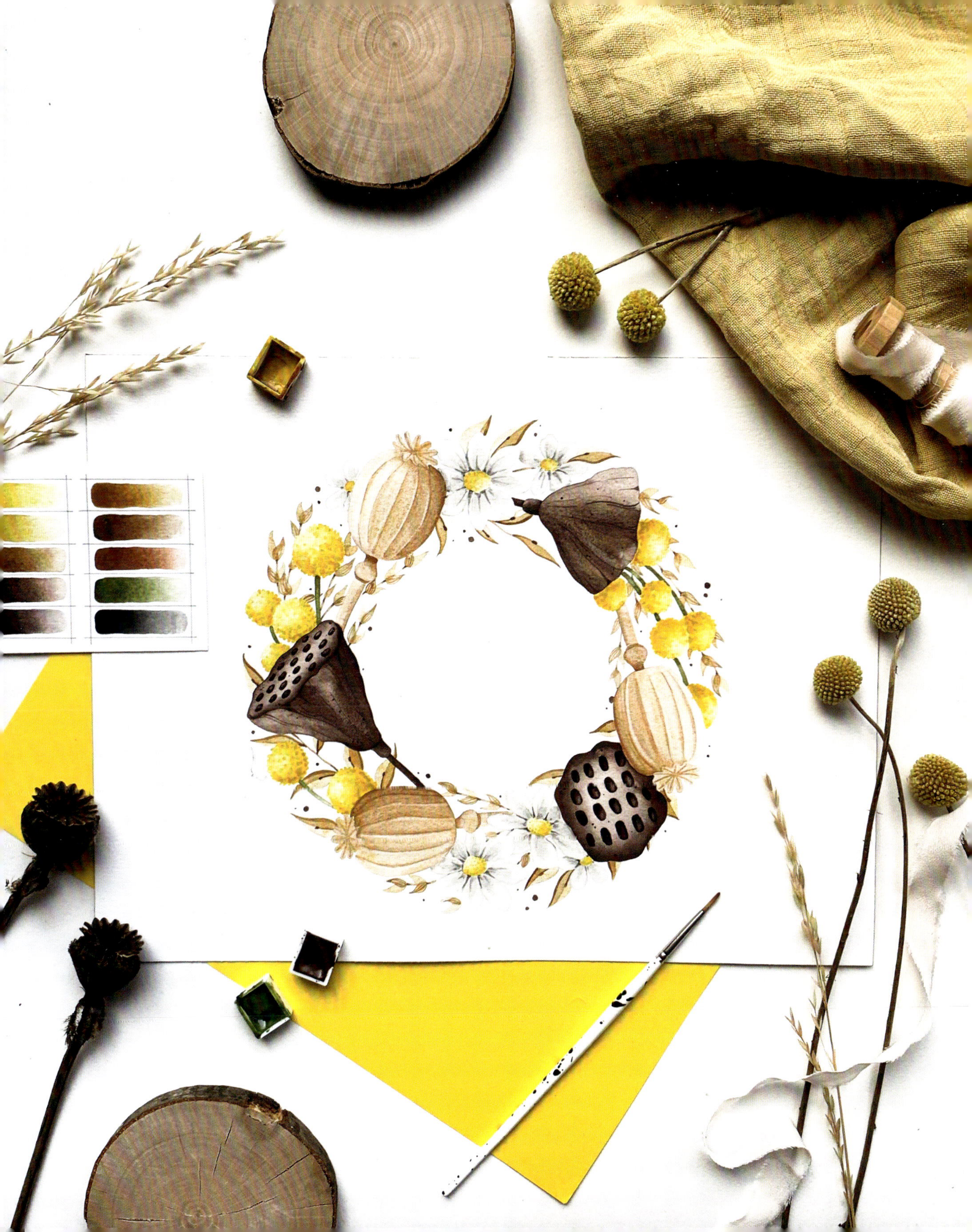

So geht's

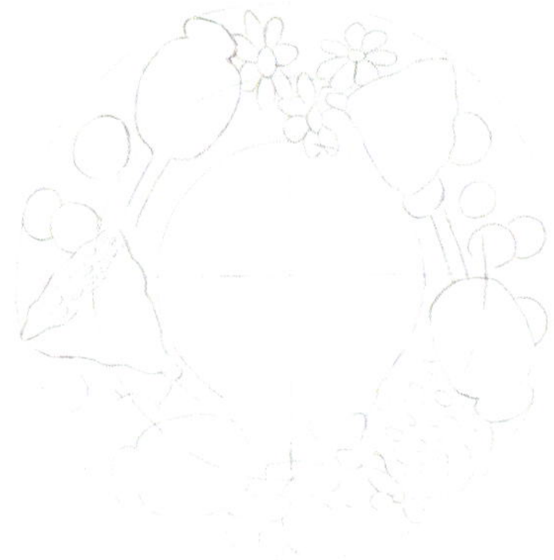

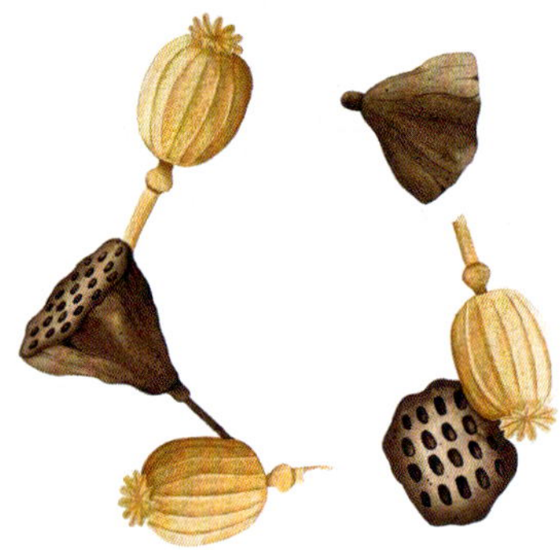

1 Um den Mittelpunkt deines Blattes herauszufinden, schnapp dir dein Lineal und miss das Seitenformat einmal aus. Ziehe vorsichtig mit Bleistift jeweils bei der Hälfte beider Seiten eine Linie senkrecht nach unten. Dort, wo sich die Linien kreuzen, ist der Mittelpunkt des Blattes. Nun lege den Mittelpunkt deines Kreiszeichners auf die ermittelte Mitte des Blattes. Ziehe drei Kreise, einen äußeren, einen mittleren und einen inneren Kreis. Der äußerste und innerste Kreis begrenzen die Außen- und Innenseite deines Kranzes. Der mittlere Kreis markiert den ungefähren Mittelpunkt deiner floralen Motive innerhalb des Kranzes.

2 Suche dir jetzt die floralen Motive aus, die du auf deinem Kranz in Szene setzen möchtest. Achte auf die verschiedenen Größenverhältnisse: Es sollten Blumen im Vordergrund stehen, die etwas größer sind. Zusätzlich bieten sich einige kleinere Blüten an, um den Weißraum dazwischen zu füllen. Ich habe mich als Hauptmotive für Mohnkapseln und getrockneten Lotus entschieden und diese abwechselnd einskizziert. Dazwischen habe ich einige Craspedia eingefügt. Als Bonus-Blume habe ich mich für die Kamille entschieden, um die typische Blumenform mit einzubringen.

3 Male die Mohnkapseln und den getrockneten Lotus so aus, wie es in den Projekten ab S. 54 und 58 beschrieben wird. Da das dunkle Braun des Lotus im Gegensatz zu den anderen Farben im Kranz einen starken Kontrast bietet, wollte ich diesen durch die verschiedenen Positionen im Kranz mehr hervorheben, weshalb ich ihn im Gegensatz zu den Mohnkapseln aus unterschiedlichen Winkeln gemalt habe.

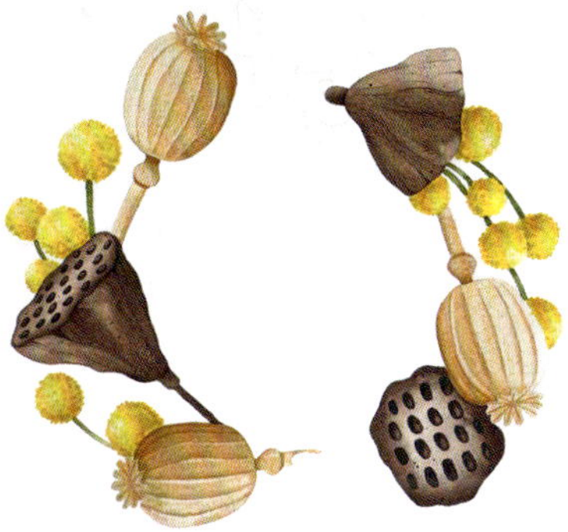

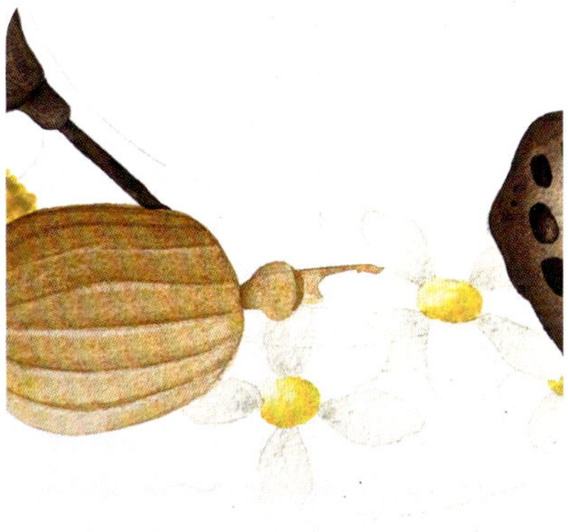

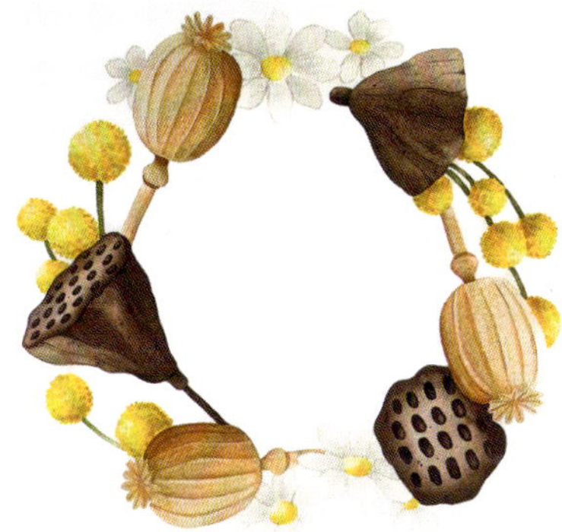

4 Nun kommen wir zu den Craspedia, die schon einiges an Weißraum in unserem Kranz schlucken. Male diese Blume wieder so, wie ab Seite 26 beschrieben. Achte hier besonders auf den Stängel der Pflanze, dieser sollte immer leicht zur Mitte des Kranzes gebogen sein.

5 In diesem Kranz taucht eine neue Blume auf: die Kamille. Die Blütenmitten malst du ähnlich wie die Craspedia; auch mit demselben Gelbton, das wirkt harmonisch. Nimm für die je acht Blütenblätter der Kamille viel Wasser und wenige Schwarzpigmente, sodass ein leichtes Grau entsteht. Beginne am innersten Teil des Blütenblatts, mit dem Tonwert zu malen, wasche im Anschluss deinen Pinsel aus und benetze ihn mit sauberem Wasser. Verblende damit die gerade aufgetupfte Farbe über das restliche Blütenblatt. So entsteht ein leichter Verlauf. Lass immer ein Blütenblatt frei, bis du vier Blütenblätter eingefärbt hast. So trocknen die Blüten schneller und laufen nicht ineinander.

6 Sobald die ersten Blütenblätter der Kamillen getrocknet sind, kannst du die restlichen Blütenblätter bemalen, sodass schließlich jedes Blütenblatt einen leichten Grauschimmer erhält. Da die Kamille eigentlich weiß ist und es weiße Aquarellfarbe nicht gibt, müssen wir anders an die Sache rangehen. Entweder lässt man weiße Stellen aus und nutzt das Weiß des Papiers, oder man verwendet ein sehr helles Schwarz, um die Blütenblätter zu umranden und so vom Hintergrund abzuheben. Ich habe einen B-Bleistift genommen und die Blütenränder ganz vorsichtig nachgezogen. Das Graphitgrau passt farblich perfekt zu dem vorher aufgetragenen Grau der Blütenblätter.

Weiter geht's

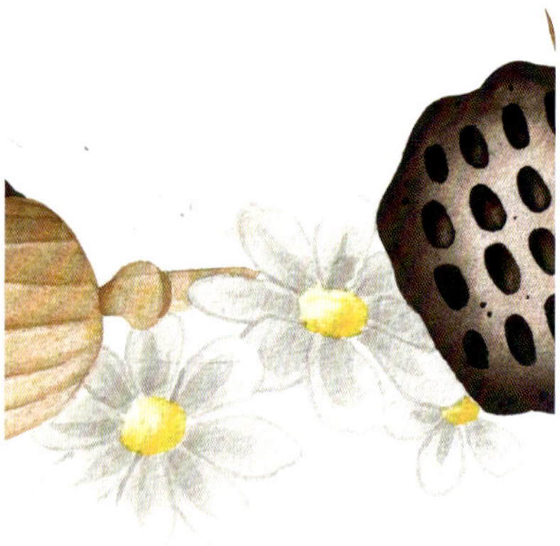

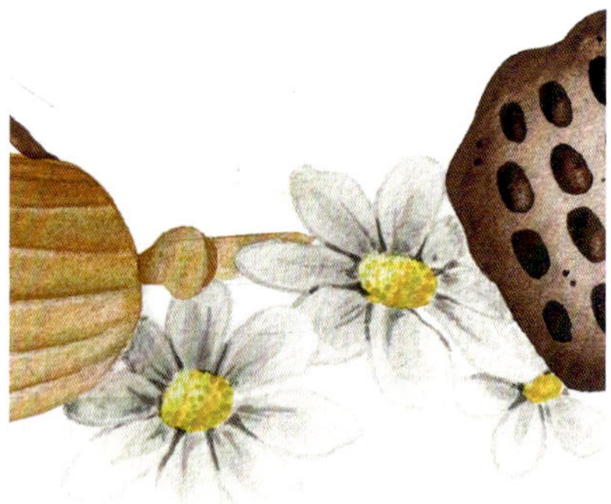

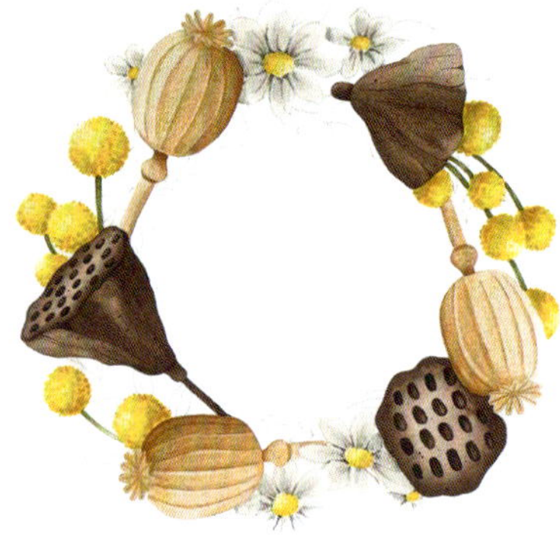

7 Greife nun zum Minipinsel und mische dir einen dunkleren Tonwert mit demselben Schwarz, sodass es sich von dem hellen Grau ein wenig abhebt. Ziehe von der Blütenmitte ausgehend locker einige Striche nach außen. Lass am Blütenrand aber etwas von dem hellen Unterton stehen, sodass man die verschiedenen Farbabstufungen voneinander unterscheiden kann.

8 Um noch mehr Kontraste in die Blume einzuarbeiten, nimm einen HB- bis H-Bleistift und ziehe dunkle Striche zwischen den einzelnen Blütenblättern, um sie besser voneinander abzuheben. Du kannst außerdem im Blütenblatt selbst einige wenige Striche von innen nach außen ziehen. Wenn einige Blütenblätter durch andere Elemente des Kranzes verdeckt werden, kannst du mit einem B-Bleistift kleine Schraffierungen auf das Blütenblatt malen, um einen Schatten anzudeuten.

9 Man könnte an dieser Stelle sagen, dass der erste Teil des Kranzes abgeschlossen ist. Kommen wir zum zweiten Teil: Die noch vorhandenen Weißräume mit Füllelementen ausschmücken. Ich habe mich hier für Wiesengras und Ruscus entschieden. Da das Wiesengras dezenter ist als die Ruscusblätter, haben wir wieder verschieden große Elemente, die den Kranz lebendiger wirken lassen. Zeichne die Pflanzen mit einem HB-Bleistift in die noch bestehenden Lücken des Kranzes. Du kannst die Schwünge deiner Blumen und Blätter gern immer ganz individuell skizzieren.

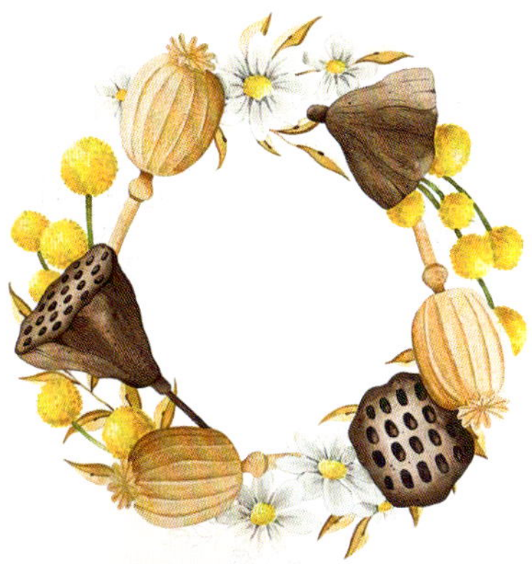

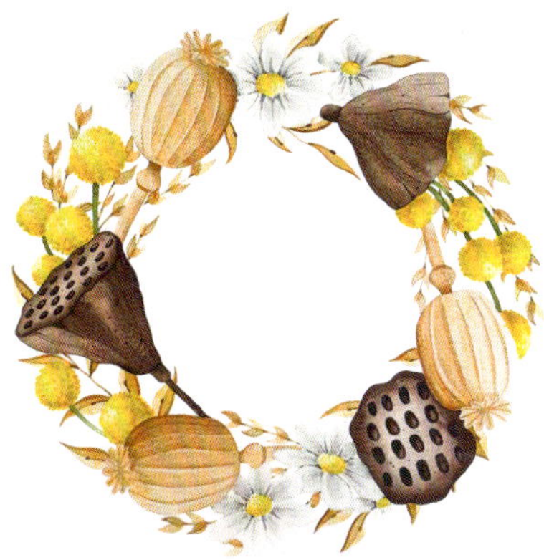

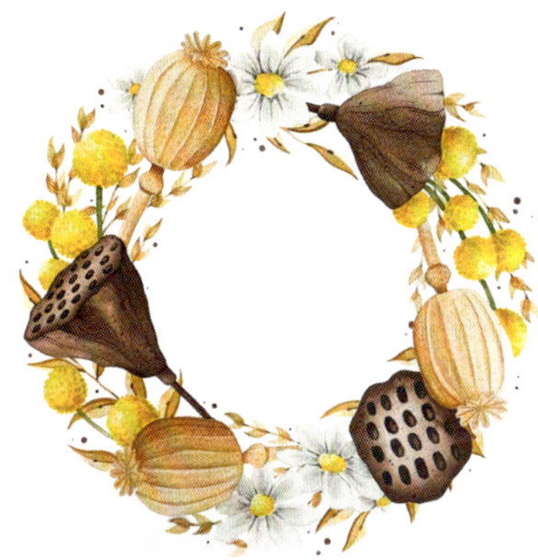

10 Da der Ruscus (siehe Anleitung ab S. 30) durch seinen dunkleren Schatten kontraststärker als das Wiesengras ist, habe ich versucht, es in der Nähe meiner Kamillen zu platzieren. Das ist auch ein guter Tipp, um helle Dinge hervorzuheben: Male einfach dunklere Elemente darunter bzw. daneben. Sei nur vorsichtig beim Malen, denn wenn nun dunkle Farbe auf die Blütenblätter der Kamille kommt, wird es schwer, sie wieder zu entfernen oder sinnvoll einzuarbeiten.

11 Jetzt kommt auch schon das letzte Element aus dem Kranz, das Wiesengras. Wie man es malt, habe ich dir ab Seite 22 erklärt. Es ist das feinste Element des Kranzes und dient perfekt als Füllmaterial. Male es überall dort hin, wo du noch das Gefühl hast, dass hier im Bild etwas fehlt. Dabei gibt es keine Grenzen.

12 Du hast das Gefühl, es fehlt noch irgendwas? Findest du noch Weißraum, der befüllt werden sollte? Stört dich noch etwas? Dann kommt nun meine Geheimwaffe, die jedem Bild nochmal das gewisse Etwas verleiht: Setze kleine feine Punkte mit verschiedenen Durchmessern mit der Farbe des Lotus zwischen die Elemente. Radiere zum Schluss vorsichtig die Bleistiftlinien weg, so gut es geht. Und fertig ist der Boho-Kranz!

Federn

Wenn man an eine Feder denkt, stellt man sich das Gefühl von Leichtigkeit und Freiheit vor. Wie ein Vogel ist eine Feder nicht an die Erde gebunden. Dadurch bedeutet sie Hoffnung, Frieden und Sanftmütigkeit. Kennst du die Federmagie? Kinder haben sie, sie sehen eine Feder und erfreuen sich daran. Es ist ein Geschenk, das vom Himmel gefallen ist. Oder ist es eine Botschaft, die wie von Zauberhand genau vor deinen Füßen liegt?

MEINE FARBPALETTE

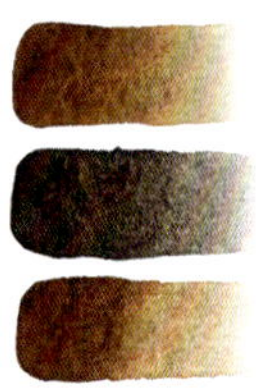

- Braunton hell **(981 + 964)**
- Braunton dunkel **(915 + 925)**
- Braunton mittel **(926 + 921)**

SONSTIGES

- Wasserglas
- Abtropftuch
- Radiergummi
- Lineal

MATERIALIEN

PAPIER

- Hahnemühle The Collection – Watercolour, cold pressed, 300 g/qm, 24 x 32 cm

PINSEL

- Rundpinsel Gr. 4 und 2
- Schrägpinsel oder Flachpinsel Gr. 2
- Schlepperpinsel Gr. 0/3

STIFTE

- Bleistift HB

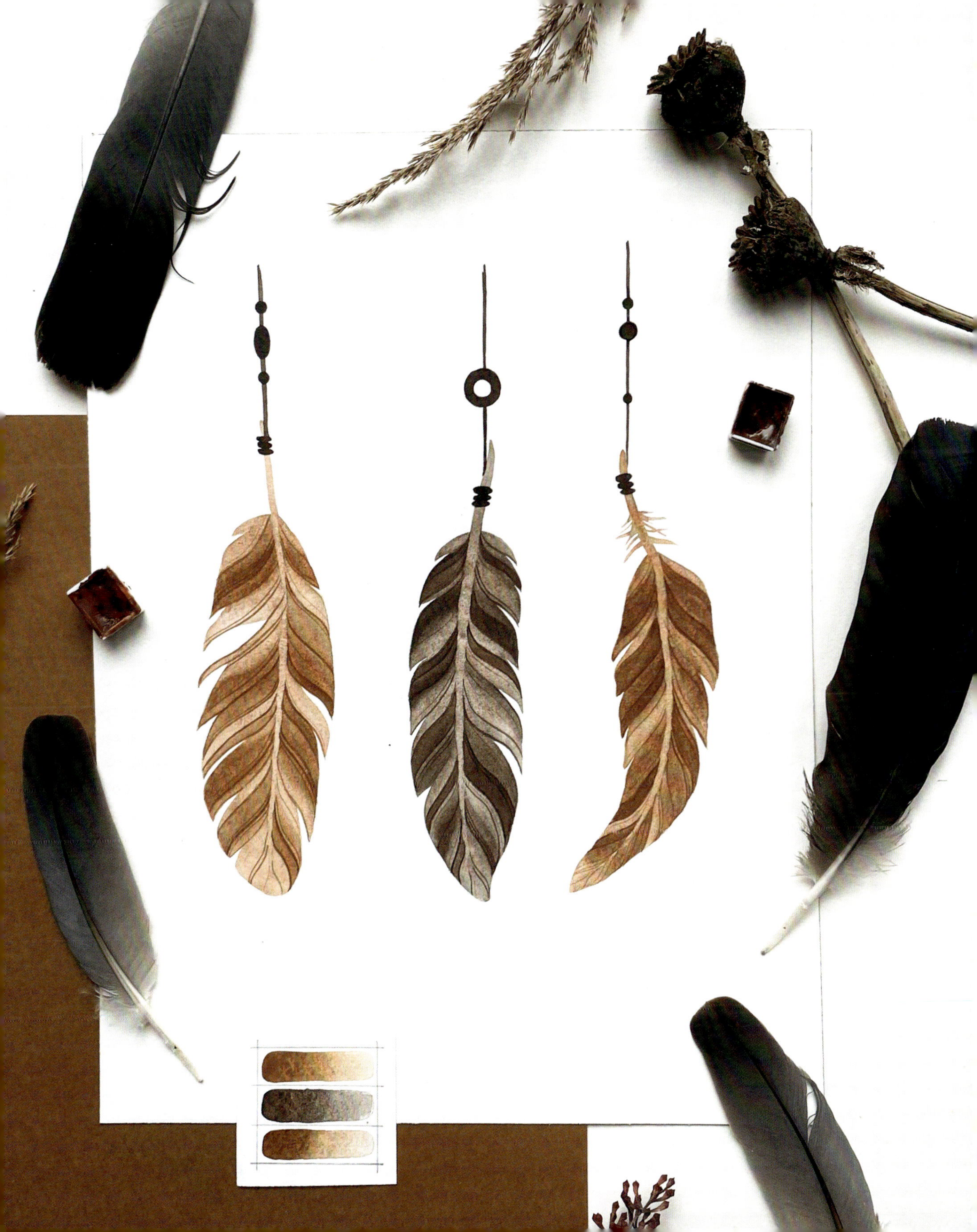

So geht's

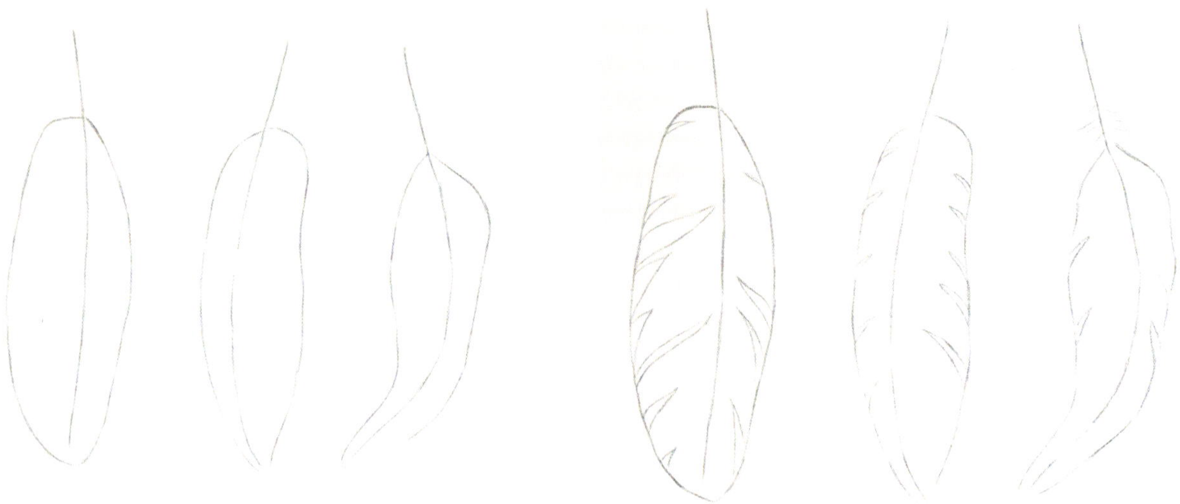

1 Wenn du einer Feder beim Spazierengehen begegnest, dann nimm sie mit, leg sie auf ein Blatt Papier und umrande diese mit all ihren Facetten. Falls du keine echte Feder hast, male einen senkrechten Strich, der auch gerne gebogen sein darf, an dem sich zwei langgezogene Halbkreise gegenüberstehen. Ich habe die Federn mit der Federspitze nach unten gemalt, denn sie sollen später an einem Band herunterhängen, beispielsweise als Dekoration an einem Baum im Garten, mit der der Wind spielen kann.

2 Federn sind sehr individuell, was Farbe, Form oder Größe angeht. Die einen sehen zerzaust aus, wogegen eine andere sehr geradlinig wirkt. Male in deine Halbkreise Zacken, die nur den Federkiel nicht berühren sollten. Mit der Häufigkeit und Form kannst du dich frei austoben. Die Zacken dürfen mal kleiner, mal größer, mal breiter oder kürzer sein. Lass deiner Fantasie freien Lauf. Bei der rechten Feder habe ich noch kleine Härchen am unteren Federkiel mit eingebaut.

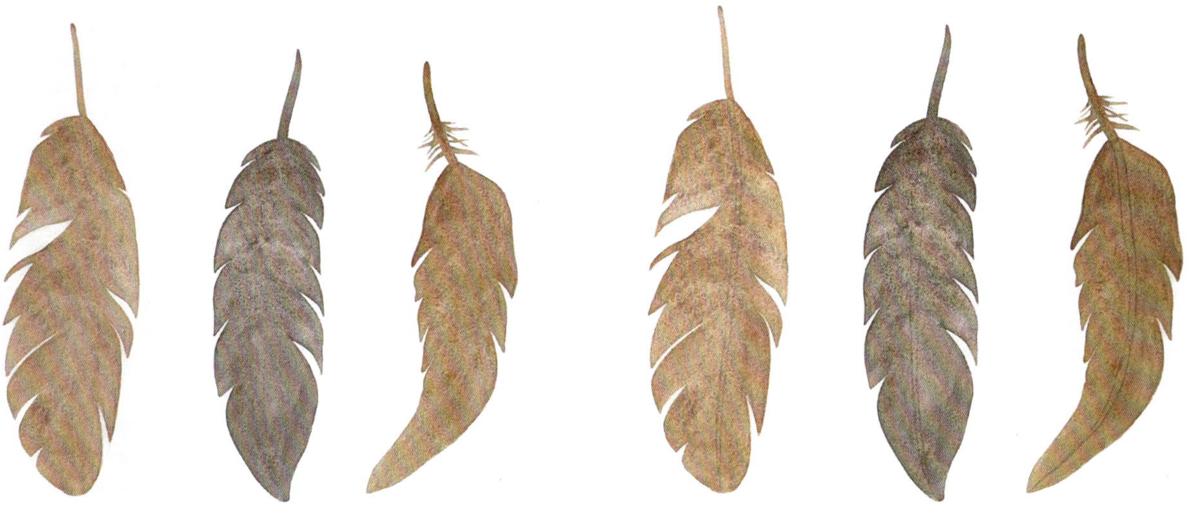

3 Da jede Feder eigen ist, darf auch jede Feder eine eigene Farbe haben. Ich habe dennoch Farben verwendet, die sich in derselben Farbfamilie befinden und nicht völlig voneinander abweichen. Das wirkt harmonisch und stimmig. Radiere deine Vorzeichnung leicht weg und male die Federn mit einem Rundpinsel aus.

4 Da wir auch über unseren kompletten Federkiel gemalt haben, ist dieser nach der Grundierung im befiederten Teil kaum bis gar nicht mehr ersichtlich. Zeichne diesen deswegen jetzt mit Bleistift nochmal nach, das wird dir später Sicherheit beim Ausmalen geben.

Weiter geht's

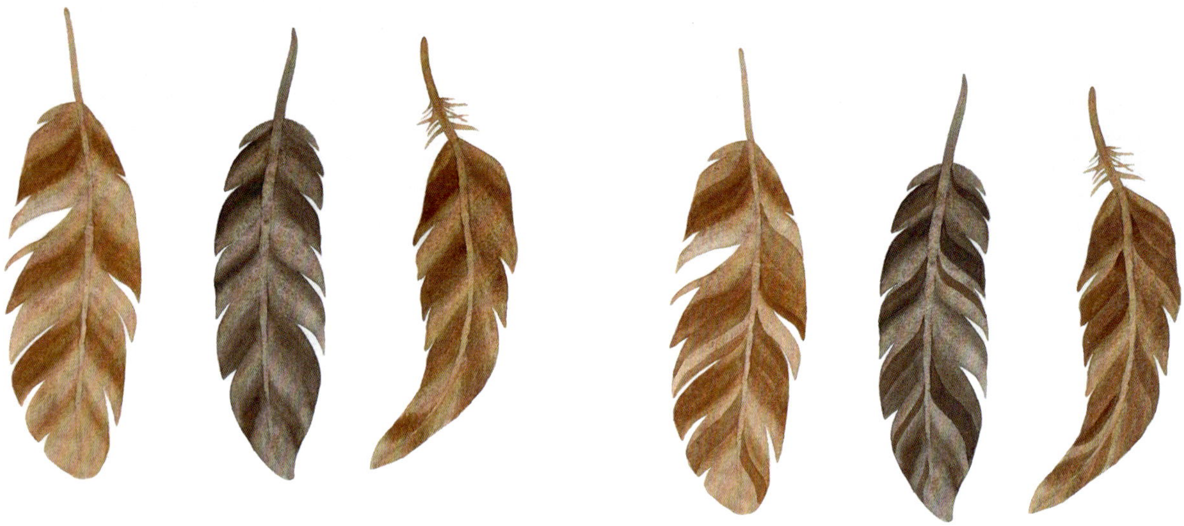

5 In diesem Schritt bringen wir noch mehr Farbe und Kontraste ins Spiel. Male mit einem Schräg- oder Flachpinsel einen schrägen Strich mit stärkerer Pigmentierung als die der Grundfarbe der Feder. Gehe damit nur bis zum Federkiel in der Mitte, nicht darüber hinaus. Achte auch darauf, dass du den Schwung der Einkerbungen beibehältst. Diese Herangehensweise kannst du nun so oft du magst an verschiedenen Stellen wiederholen. Wenn die Farbe der geschwungenen Striche noch leicht feucht ist, nimm deinen Rundpinsel, befeuchte ihn leicht und verblende die noch nasse Farbe mit dem Untergrund, um einen butterweichen Verlauf zu erhalten.

6 Wieder kommt ein Flach- oder Schrägpinsel zum Einsatz sowie dieselben Farben. Diesmal lässt du den harten Strich so stehen, anstatt ihn am Ende zu verblenden. Setze die Striche an anderen Stellen als die, die du im vorigen Schritt eingefügt hast. So blitzen die leichten Verläufe des vorigen Schritts durch und es entsteht ein interessantes, modernes Feder-Design.

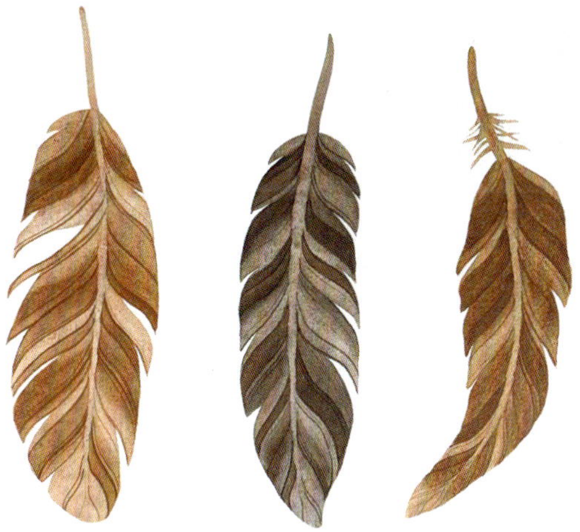

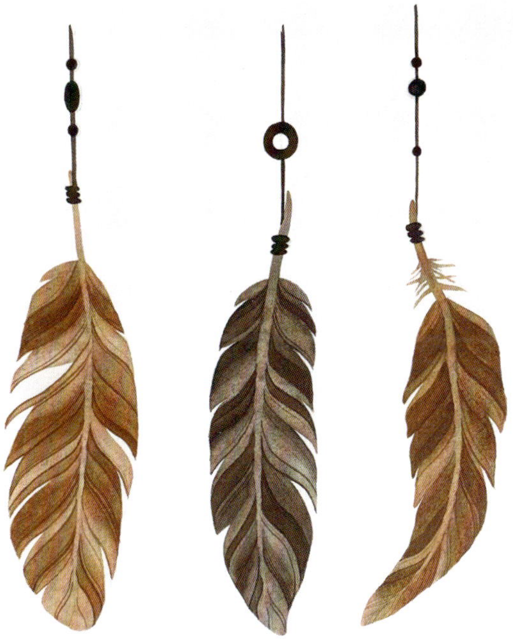

7 Jetzt kommt mein geliebter Schlepperpinsel zum Zug. Hiermit kannst du, wie bei den Palmblättern ab Seite 34, die im letzten Schritt leicht verunglückten Strichführungen übermalen. Die dafür angemischte Farbe sollte sehr viele Pigmente und wenig Wasser enthalten. Ziehe den Schlepperpinsel nun wo nötig über die dicken Striche, oder einfach an ausgewählten Stellen über die noch unberührten Flächen. Ziehe mal drei Linien direkt nebeneinander, lass eine Lücke und ziehe dann beispielsweise nur zwei parallele Linien mit dem Schlepperpinsel, ganz wie du magst. Es gibt hier kein Muster, nach dem du vorgehen musst. Dein Bauchgefühl wird dir mitteilen, wo ein Strich fehlen könnte.

8 Nun verwandeln wir die Federn in Boho-Baumschmuck für den Garten. Nimm einen Bleistift und ziehe jeweils einen senkrechten Strich mit Hilfe eines Lineals von den Federkielen nach oben. Zeichne die Schnur als kleine waagerechte Striche ein paar Mal um die Federkiele. Als Verzierung kannst du auch ein paar Kreise, Ovale oder Ringe an der Schnur mit einzeichnen. Mit dem Schlepperpinsel und sehr pigmentiertem Dunkelbraun malst du dann deine lange Schnur; für die Zierelemente nutze gern einen Rundpinsel. Fertig ist dein Windspiel für den Garten!

Lichterkette

Jeder von uns benötigt einen Rückzugsort. Wenn ich in manchen Momenten meine Ruhe brauche, gehe ich gerne in den Garten. Abseits der Hektik vom stressigen Alltag nehme ich mir dort Zeit für mich, um mal runterzukommen. Die richtige Atmosphäre ist entscheidend, um sich wohlzufühlen, und eine stimmungsvolle Beleuchtung kann dabei helfen. Verwandle eine Ecke auf deinem Balkon, der Terrasse oder im Garten mit vielen Kissen und Decken zu einem Wohlfühlort. Kombiniert mit Laternen, flackernden Kerzen oder einer Lichterkette schaffst du dir eine ruhige Atmosphäre. Aber auch beim Malen einer Lichterkette kann man wunderbar abschalten …

MEINE FARBPALETTE

- Braunton **(946 + 926)**
- Grünton **(942 + 946 + 944)**
- Vulkan Gelb **(911)**
- Nebel Schwarz **(970)**

SONSTIGES

- Zwei Wassergläser
- Abtropftuch
- Radiergummi
- Lineal

MATERIALIEN

PAPIER

- Hahnemühle Expression, cold pressed, 300 g/qm, 24 x 30 cm

PINSEL

- Rundpinsel Gr. 4, 2 + 0/3
- Schlepperpinsel Gr. 0/3

STIFTE

- Bleistift HB

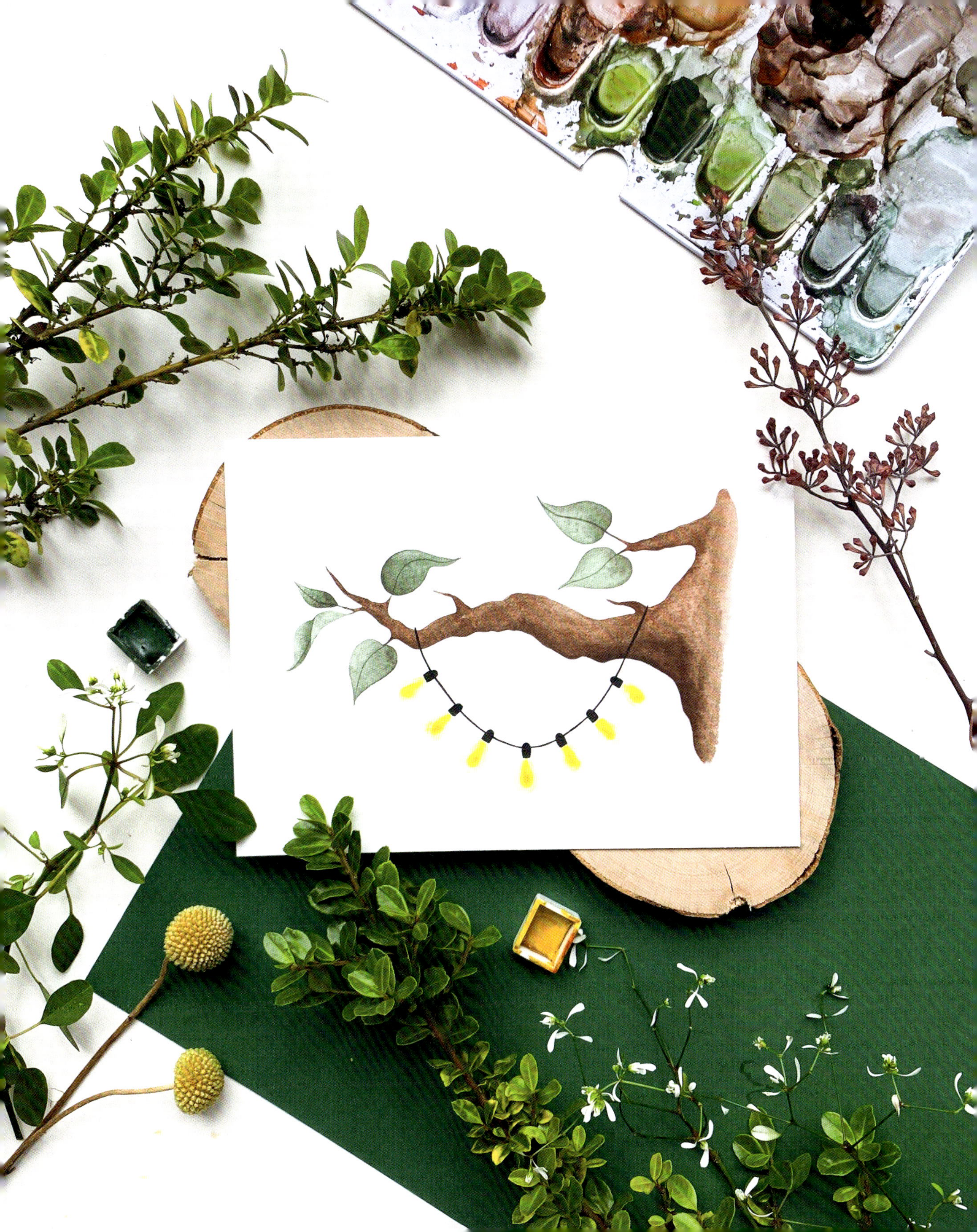

So geht's

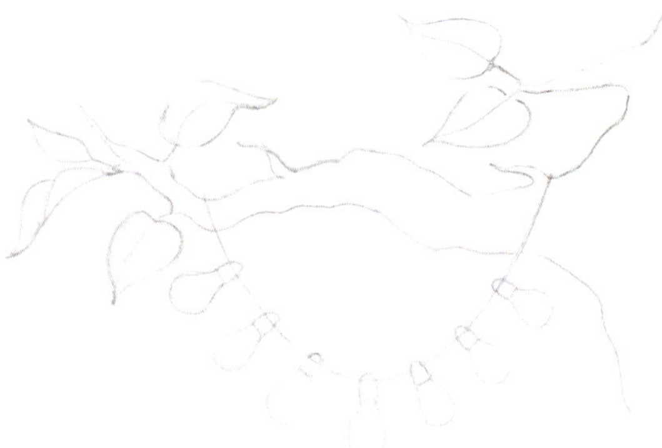

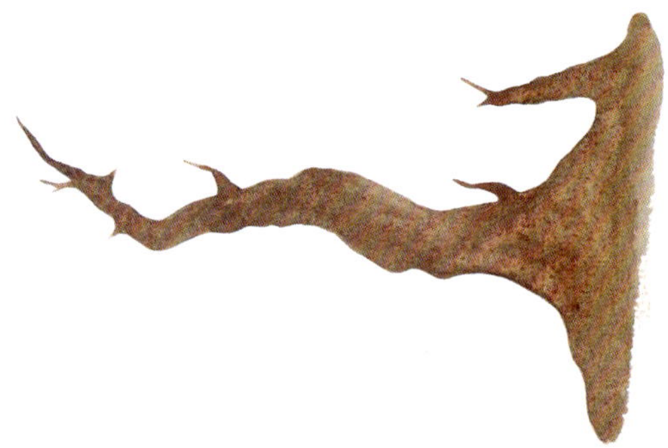

1 Beginne damit, einen Ast mit deinem HB-Bleistift zu zeichnen. Lege dabei deinen Arm nicht auf, sondern halte ihn frei in der Luft und bewege deinen Stift ganz frei. So werden deine Linien natürlicher. Ecken und Kanten sind wünschenswert. Zeichne einige Blätter an die Zweige, die alle ein bisschen anders aussehen dürfen. Zuletzt zeichnest du einen nach oben offenen Halbkreis an den Ast, der das Kabel der Lichterkette darstellt, und fügst die Glühbirnen hinzu.

2 Starte an der Astspitze damit, den Ast mit einem Minipinsel und brauner Farbe zu bemalen. Ziehe dabei zuerst die Kanten nach und nimm dir dann einen größeren Rundpinsel zur Hand, um auch die Fläche auszumalen. Am Rand kannst du die Farbe soft auslaufen lassen.

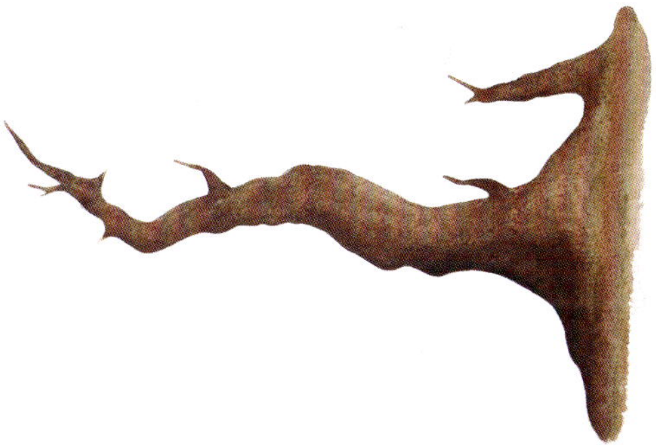

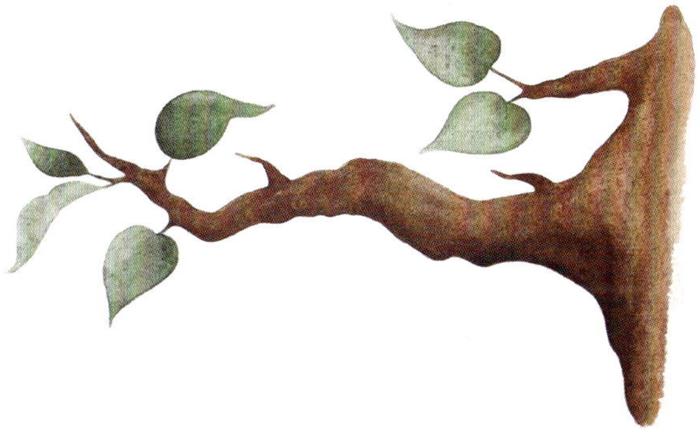

3 Wenn der Ast getrocknet ist, kannst du dunklere Pigmente als Schatten an der Unterseite einfügen und mit einem feuchten, sauberen Pinsel verblenden. Kontraste machen den Ast erst so richtig lebendig.

4 Beginne erst mit den Blättern, wenn der Ast getrocknet ist. Grundiere dann alle Blätter gleichmäßig mit deinem ausgewählten Grünton.

Weiter gehts

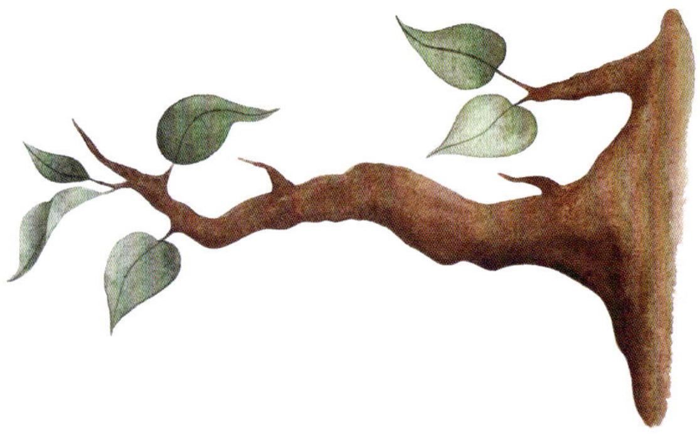

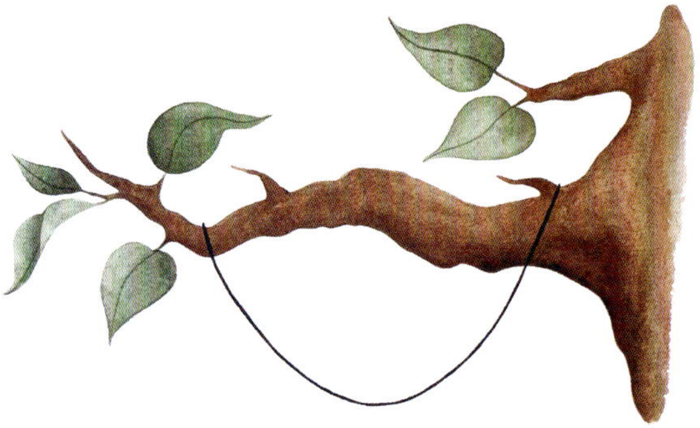

5 Füge nun die Blattadern hinzu. Diese können wie in meinem Beispiel ein langer, dünner Strich sein; möglich wäre aber auch ein ganzes Netz. Außerdem kannst du Blätter, die man nur von der Seite sieht (wie im Bild ganz links), auf der Innenseite mit dunkleren Pigmenten ausmalen, sodass man das gebogene Blatt besser erkennt.

6 Tauche nun mit dem Schlepperpinsel tief in dein schwarzes Näpfchen und nimm viel Farbe auf. Streife deinen Pinsel kurz vorsichtig ab, sodass du nicht zu viele Pigmente an den Pinselhaaren hast, denn mit Schwarz kannst du alles im stark pigmentierten Bereich abdecken. Ziehe nun langsam einen dünnen Strich den Halbkreis entlang und lass ihn oben am Ast ein wenig überstehen.

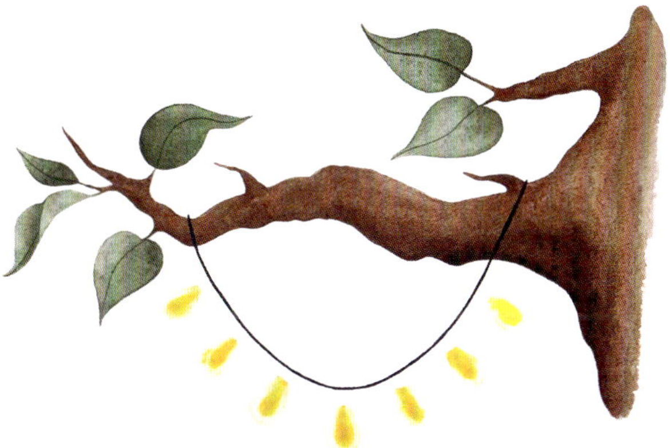

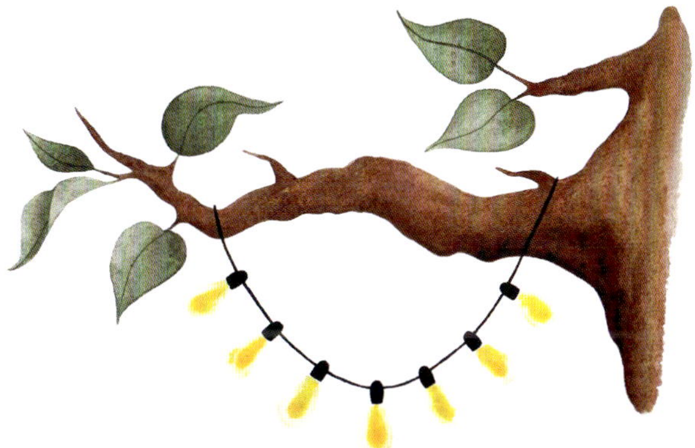

7 Anhand dieses Beispiels kann man sehen, wie wichtig es ist, zwei Wassergläser auf dem Tisch stehen zu haben. Denn wenn man mit einem sauberen Pinsel gelbe Pigmente aus dem Näpfchen holen möchte und diesen Pinsel in demselben Wasserglas säubert, in dem zuvor schwarze Pigmente abgespült wurden, wird das Gelb beim nächsten Auftrag nicht mehr strahlend sein! Schnappe dir einen sauberen Minipinsel und nimm damit gelbe Pigmente auf. Male damit in der Mitte deiner Glühbirnen eine Art Ausrufezeichen, wobei der Punkt etwas größer ausfallen sollte und direkt am Strich anliegt. Säubere deinen Pinsel dann wieder und verblende die noch feuchte Farbe mit dem zuvor gemalten Gelb bis zum Rand deiner Glühbirnen. So kannst du den Lichtschein erahnen lassen.

8 Sobald das Gelb getrocknet ist, kommen wir zur Fassung der Glühbirne. Auch hier empfehle ich dir, mit einem Minipinsel zu arbeiten. Ziehe mit Schwarz einen waagerechten, geraden Strich an der Grenze zum Glas der Glühbirne. Anschließend kannst du die Fassung schwarz ausmalen. Fertig ist die gemütliche Lichterkette im Baum!

Hortensie

Dies ist eines meiner absoluten Lieblingsprojekte! Lange galt die Hortensie als altmodisch, heute blüht sie wieder in vielen Gärten. Mit ihren hübschen Dolden verschönert sie jeden Garten. Der Pflegeaufwand ist nicht sonderlich hoch, sie benötigt aber viel Wasser. Am bekanntesten ist die Bauernhortensie, die unter anderem violette, rosa oder weiße Blüten beinhalten kann. Nach der Blütezeit im Spätsommer verfärben sich die Blüten und verblassen. Die Farben wirken erdiger und nicht mehr so kräftig. Genau in diesem Stadium habe ich diese Hortensie gemalt.

MEINE FARBPALETTE

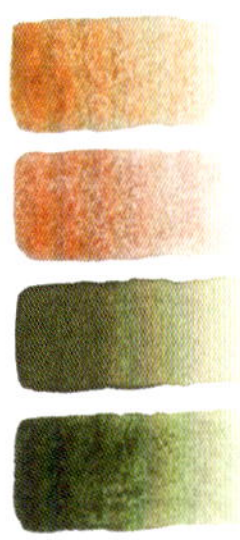

- Wüsten Braun **(923)**
- Rosaton **(923 + 914)**
- Tundra Grün **(985)**
- Wald Braun **(944)**

SONSTIGES

- zwei Wassergläser
- Abtropftuch
- Radiergummi
- Lineal

MATERIALIEN

PAPIER

- Hahnemühle The Collection – Watercolour, cold pressed, 300 g/qm, 24 x 32 cm

PINSEL

- Rundpinsel Gr. 4 und 2
- Schlepperpinsel Gr. 0/3

STIFTE

- Bleistift HB

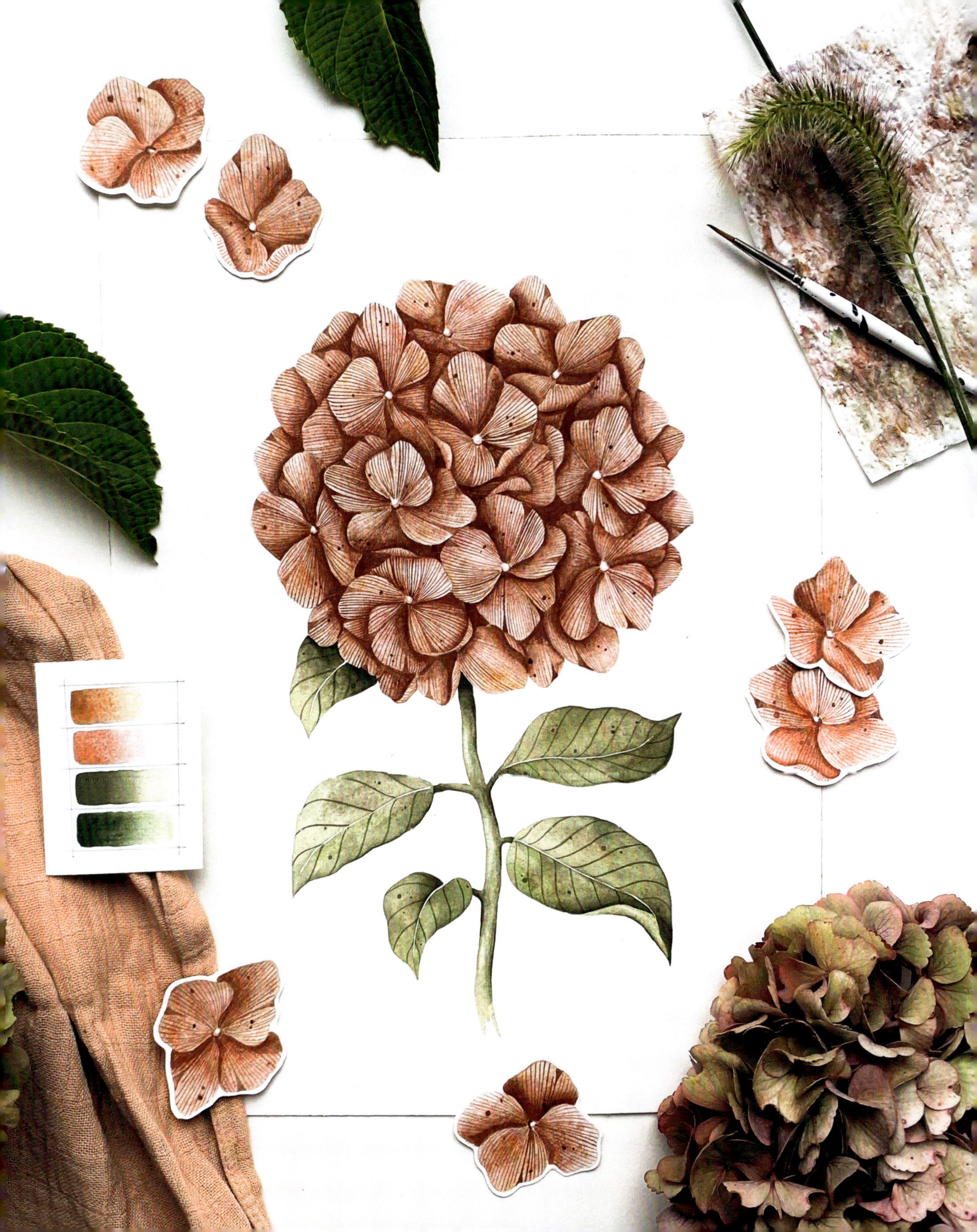

So geht's

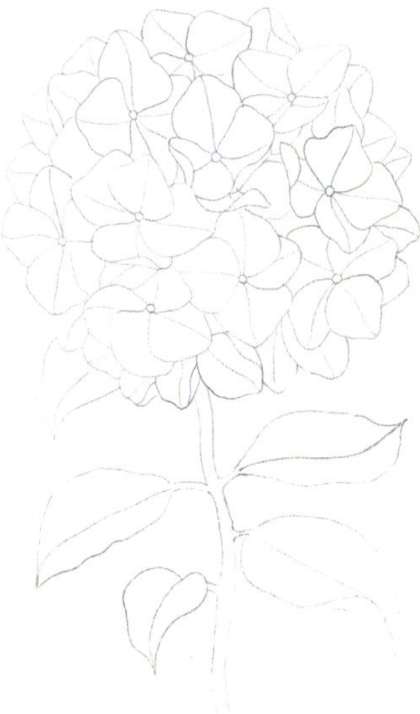

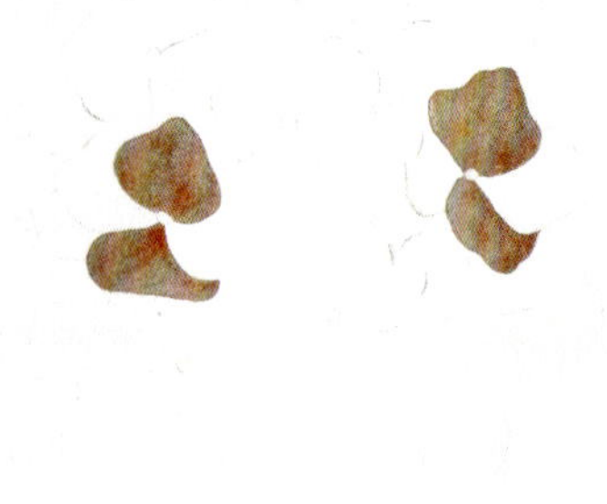

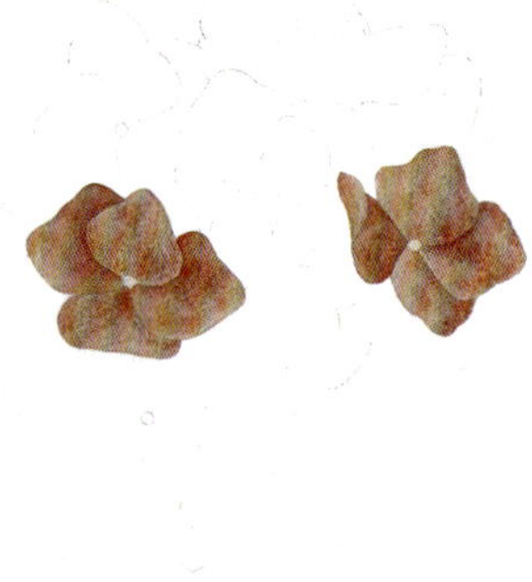

1 Für diese Skizze habe ich ein Foto mithilfe meines Lightpads abgepaust. Um einige Blüten in Form, Wölbungen und der optischen Ästhetik anzupassen, kann man die Skizze erneut durchpausen und anpassen. Natürlich ist auch eine Vorzeichnung ohne Abpausen möglich. Male zunächst einen Kreis, der eine Blüte umfasst, und bestimme dessen Mittelpunkt. Von diesem ausgehend legst du ein Kreuz an, an dessen Strichenden sich jeweils die Spitze eines Blütenblatts befindet. Ziehe von diesen Punkten immer links und rechts eine Wölbung zum Mittelpunkt, der zuvor einen kleinen Kreis erhält. Achte auf die Position der Blütenblätter zueinander.

2 Ich habe mir zwei Farben zusammengemischt, denn wenn die Hortensie langsam verblüht, geht die Grundfarbe (in diesem Fall Rosa) ins Bräunliche über. Benetze zwei gegenüberliegende Blütenblätter mit Wasser, verteile dann zuerst einige rosa Pigmente in einem hellen Tonwert darauf und tupfe dann an einigen Stellen etwas bräunliche Farbe hinzu. Um schneller fortfahren zu können, fahre mit einer Blüte fort, die etwas Abstand zur ersten hat, damit die Farben nicht ineinander laufen können.

3 In der Zwischenzeit müsste die erste Blüte getrocknet sein und du beginnst wieder von vorne mit den zwei übrig gebliebenen Blütenblättern. Achte auf die Überlappungen der Blüten und versuche, sofern eine davon unter einer anderen liegt, direkt einen Schatten mit einzuarbeiten, indem du an diesen Stellen mehr Pigmente dazutupfst.

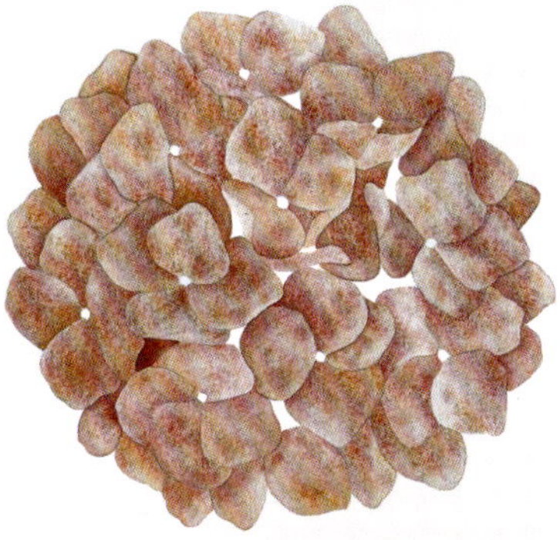 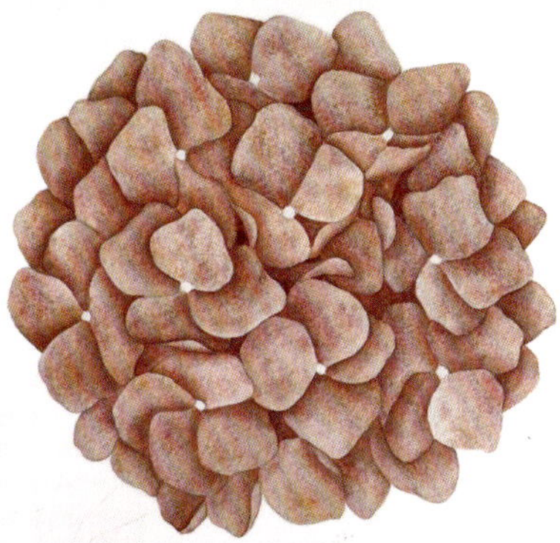 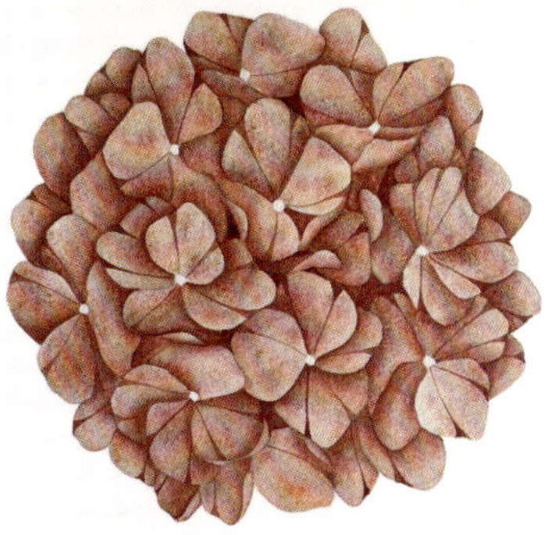

4 Fahre nach diesem Prinzip fort, bis du den ganzen Hortensienkopf ausgemalt hast.

5 Da die Hortensie wie ein Ball aufgebaut ist, wirkt es hinter den einzelnen Blüten dunkel. Nimm mit einem Minipinsel viele Pigmente von deinem Rosa auf und male den Schatten des Blüteninneren zwischen die Blüten. Pass auf, dass du dabei nicht aus Versehen schon die Blütenmitten ausmalst.

6 Ich liebe Schmuckelemente wie Punkte, Striche oder Lichteffekte in meinen Bildern. Aus diesem Grund wollte ich der Hortensie einen ganz besonderen Schliff verpassen. Schnapp dir deinen Schlepperpinsel und nimm das Rosa in hoher Pigmentierung auf. Ziehe von der jeweiligen Blütenmitte nach außen ein paar feine Linien und lass sie am Rand der Blütenblätter breiter werden.

Weiter geht's

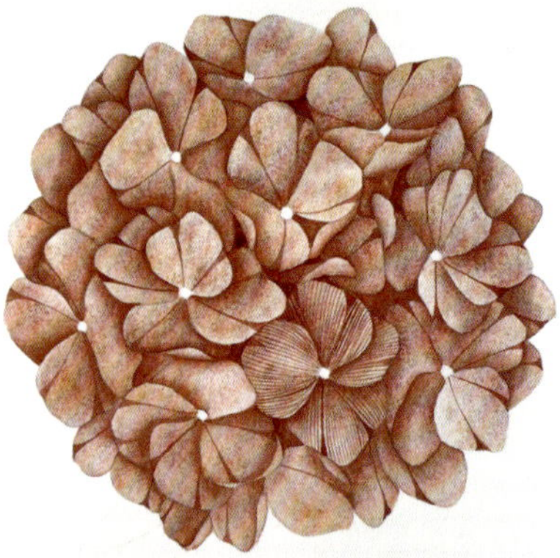

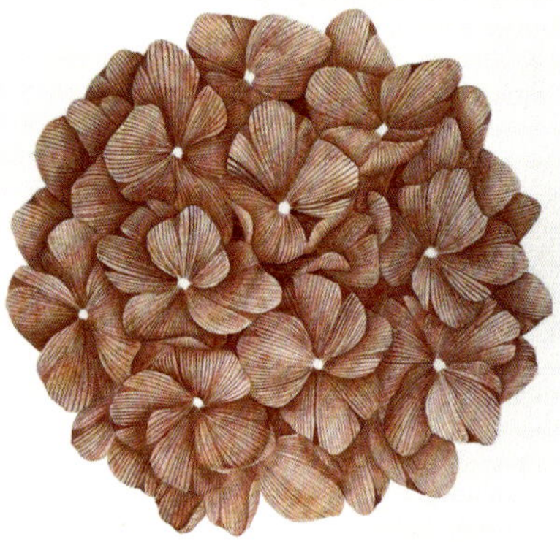

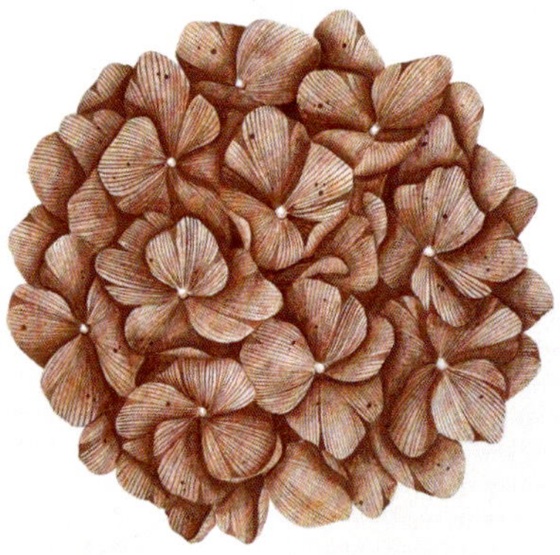

7 Jetzt benötigst du ein bisschen Zeit und eine ruhige Hand. Mische dir genug der rosa Farbe aus dem vorigen Schritt in deiner Mischpalette an und ziehe mit dem Schlepperpinsel ganz viele feine Linien auf den Blütenblättern, die parallel zu den Linien aus Schritt 6 verlaufen und dicht aufeinander folgen. Damit kannst du bei einer beliebigen Blüte beginnen.

8 Nach diesem Schema versiehst du Blüte um Blüte mit Linien. Ich persönlich komme bei solchen Arbeiten sehr zur Ruhe und kann meine Gedanken schweifen lassen. Sieh es als eine kleine Meditationsübung, wenn du möchtest.

9 Um der Hortensie den Feinschliff zu verpassen, nimm deinen Minipinsel zur Hand und tupfe hier und da, noch immer mit dem dunklen Rosa, nach Lust und Laune feine Punkte in die Blüten. Du kannst auch mit deinem Schlepperpinsel harte Linien an den untenliegenden Blütenblättern einfügen, indem du mit viel Farbe feine Schatten ziehst. Bringe zu guter Letzt mit einem Minipinsel und heller Farbe einen leichten Schatten in die Blütenmitten. Der weiße Punkt, der dabei übrig bleibt, ist ein schöner Kontrast zum Gesamtbild. Der Blütenkopf wäre somit fertig.

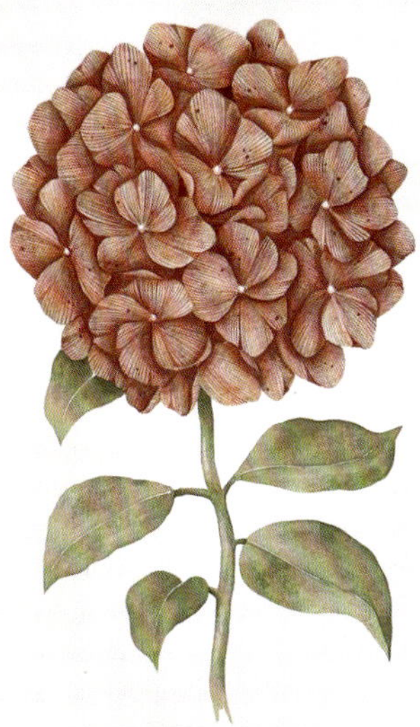

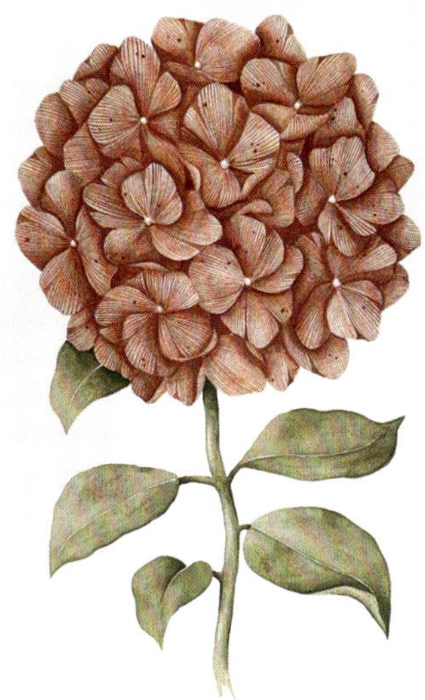

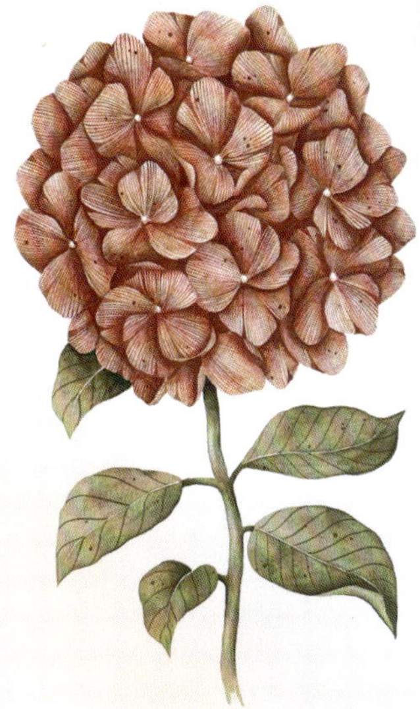

10 Kommen wir nun zum Grünanteil dieser Pflanze. Beginne mit einem Rundpinsel am oberen Rand des Stiels und verteile die grüne Farbe nach unten. Bei den Blättern gibt es eine Besonderheit: Lasse die Blattader in der Mitte aus, hier soll das Papier weiß bleiben. Tupfe in das noch feuchte Grün eine weitere, bräunliche Farbe hinein, denn auch die Blätter verfärben sich im Herbst.

11 Um den Blättern und dem Stiel mehr Leben einzuhauchen, kümmerst du dich auch hier um die Schatten. Vor allem unter dem großen Blütenkopf sollten das direkt darunterliegende Blatt und der Stiel dunkler sein. Aber auch bei allen anderen Blättern, die am Rand abfallen, oder an den Blattadern kannst du mit dunklerer Farbe mehr Kontrast einbauen.

12 Male zum Schluss, wenn du magst, weitere Blattadern ausgehend von der Mitte der Blätter mit einem dunklen Grünton und dem Schlepperpinsel dazu. Auch die kleinen Punkte, die du schon auf die Blüten getupft hast, kannst du hier gerne wiederholen. Fertig ist deine wunderschöne Hortensie!

Schmuckkörbchen

Wenn ich im Spätsommer die Straße zu unserem Haus herunterfahre, blühen am Straßenrand diverse rosa-, pink-, weiß- bis lilafarbene Schmuckkörbchen. Beim genaueren Betrachten sieht man die hochwüchsigen, filigranen, dünnen Blütenblätter und ihre wunderschönen, zarten Verläufe. Diese Sommerblume kann auch der Eye-Catcher eures Desserts oder Salates werden, denn diese Blüte ist nicht nur wunderschön, sondern auch essbar. Sie schmeckt leicht süßlich.

MEINE FARBPALETTE

Urban Gelb **(916)**

Rosaton **(352 + 371)**

Rotton **(926 + 356)**

Violettton **(352 + 371 + 913)**

Grünton **(944 + 932)**

SONSTIGES

- zwei Wassergläser
- Abtropftuch
- Radiergummi
- Lineal

MATERIALIEN

PAPIER

- Hahnemühle The Collection – Watercolour, cold pressed, 300 g/qm, 24 x 32 cm

PINSEL

- Rundpinsel Gr. 2
- Minipinsel Gr. 0/3
- Schlepperpinsel Gr. 0/3

STIFTE

- Bleistift HB

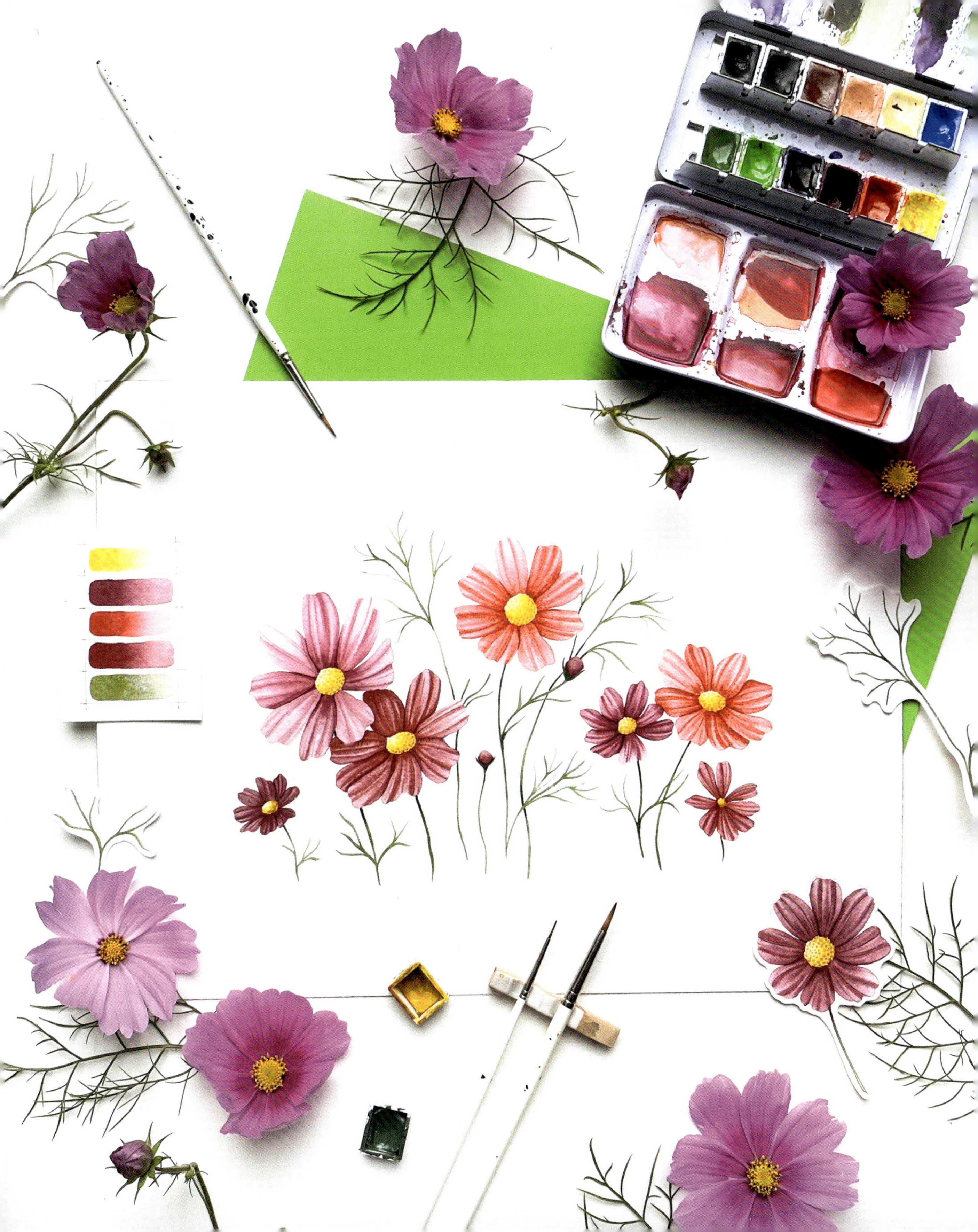

So geht's

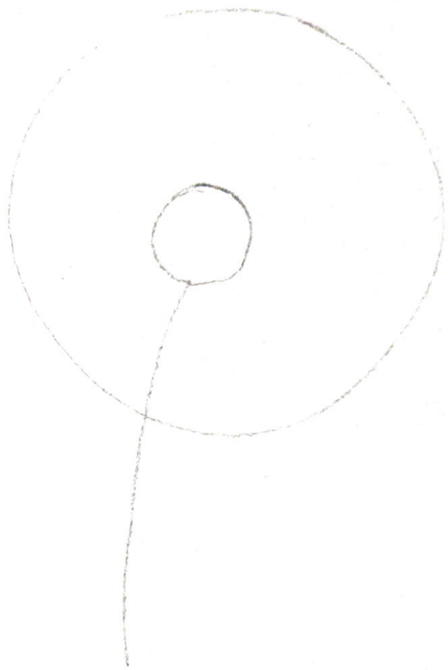

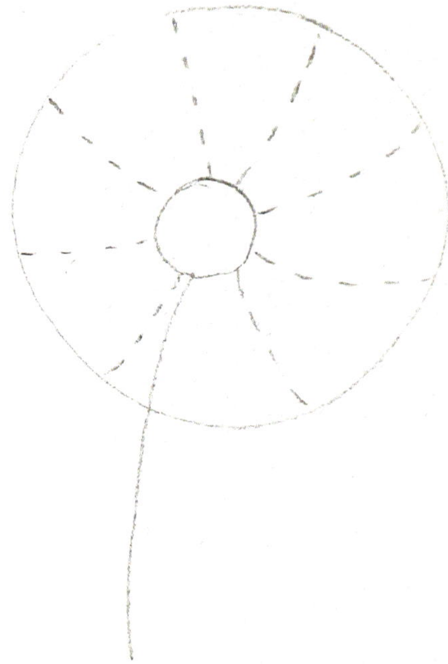

1 Zeichne mit einem HB-Bleistift einen großen Kreis mit einem Durchmesser von ca. 5 cm und darin einen kleineren. Der kleinere muss nicht exakt in der Mitte sitzen, denn er bestimmt den Blickwinkel, mit dem man auf die Blume schaut. Ziehe dann von etwa der Mitte des kleinen Kreises noch einen leicht gebogenen Strich nach unten.

2 Ziehe leicht gewölbte, gestrichelte Linien in ungefähr demselben Abstand zueinander vom kleinen Kreis zum äußeren Kreis, um die Mittellinien der Blütenblätter anzudeuten. Da diese Blume relativ viele, aber dafür schmale Blütenblätter trägt, habe ich mich hier für acht Linien entschieden.

3 Zeichne nun längliche Ovale von der Blütenmitte zum äußeren Kreis, die sich an den gestrichelten Linien als Mittellinie orientieren. Am äußersten Teil der Ovale kannst du ein paar Wellen einbauen, denn die Schmuckkörbchenblüten sind sehr zackig geformt. Achte in diesem Schritt auch darauf, dass manche Blütenblätter unter anderen liegen bzw. darüber.

4 Radiere deine Zeichnung vorsichtig aus, sodass du nur noch einen schwachen Graphitrückstand siehst. Nun male deine Blütenmitte mit einem frischen Gelb genau wie die Craspedia auf Seite 26 aus.

Weiter geht's

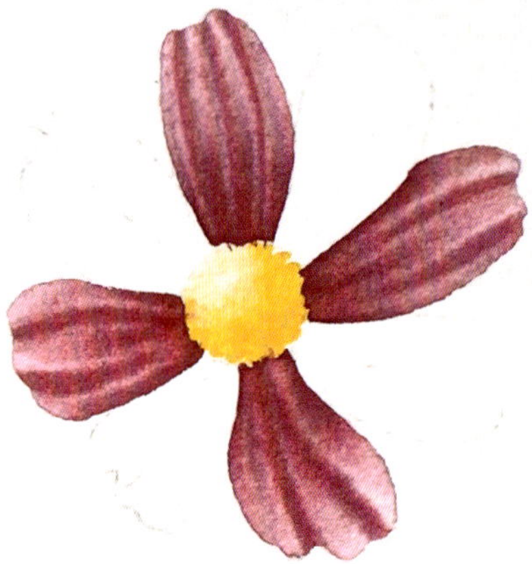

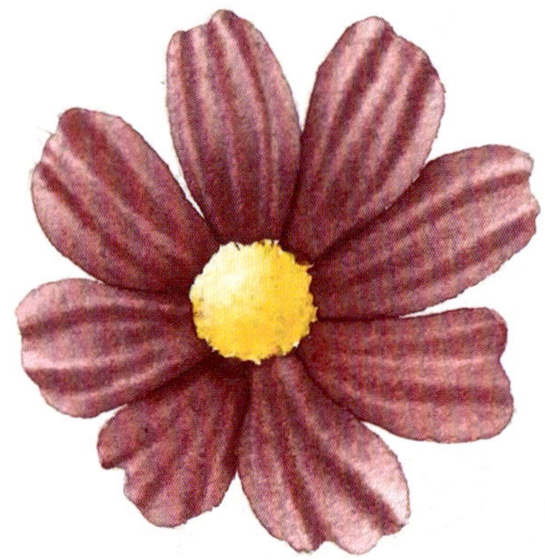

5 Arbeite wieder mit der Lavur-Technik und warte den richtigen Moment ab. Zuerst entscheidest du dich für einen Farbton; hier habe ich ein Lila mit etwas Magenta gewählt. Mische deine Farbe großzügig an. Setze die kontrastreiche Farbe mit einem Rundpinsel bei der Blütenmitte an und vermale sie bis zur Hälfte deines Blütenblatts. Wasche deinen Pinsel aus, benetze ihn mit klarem Wasser und befeuchte die obere Kante des Blütenblatts damit. Ziehe den Wasserfilm dann langsam in Richtung Blütenmitte, bis er die Pigmente berührt. Nun kannst du mit dem Rundpinsel die Farbe vorsichtig bis zum Blütenende ziehen, sodass ein Farbverlauf entsteht.

Wenn dieser Verlauf nur noch leicht feucht ist, ziehe mit deinem Schlepperpinsel kontrastreiche Farbe vom äußeren Blütenrand bis zur Blütenmitte, sooft du möchtest. Ich habe mich für zwei bis drei Striche entschieden. Wasche deinen Pinsel aus, tupfe ihn gut ab und ziehe direkt an dem vorher gezogenen Strich deinen fast trockenen Pinsel über die noch leicht feuchte Stelle. So trägst du wieder etwas Farbe ab und ein Highlight entsteht. Gefällt dir das Ergebnis, lass immer ein Blütenblatt frei und beginne mit dem folgenden.

6 Wenn alles gut getrocknet ist, verfahre auch mit den restlichen Blütenblättern so. Denke bei überlappenden Blütenblättern wieder an den leichten Schatten und tupfe in die noch nasse Farbe entsprechend mehr Pigmente, damit die Stelle dunkler wird.

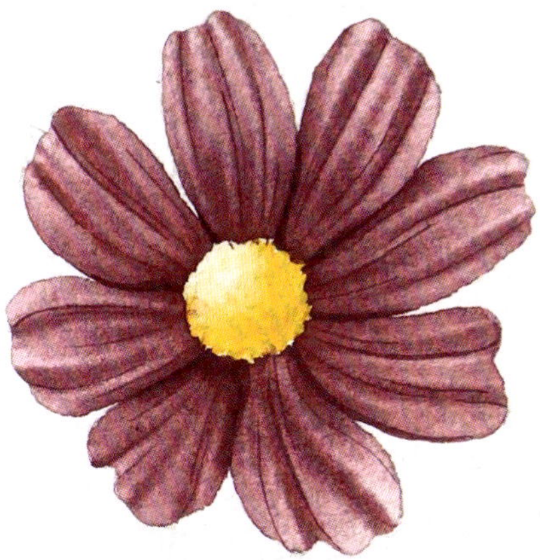

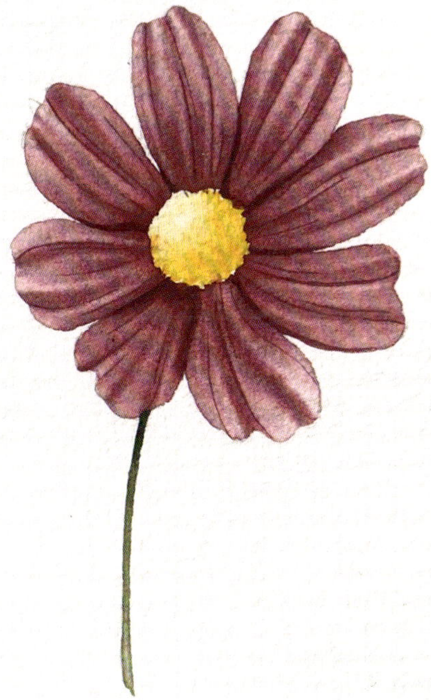

7 Ziehe mit deinem Schlepperpinsel und einem hohen Tonwert noch feine Haarlinien über die Blütenblätter. Streiche deinen Pinsel zuvor vorsichtig über den Rand deiner Mischpalette, um überschüssige Farbe abzustreifen. So entstehen auf dem Blatt keine Farbkleckse. Ich habe mich beim Ziehen der Haarlinien an Rundungen bzw. Zacken an den Enden der jeweiligen Blüte orientiert. Es reichen nur ein paar Linien aus, um den gewünschten Effekt hervorzurufen, setze also nicht zu viele.

8 Wenn du zufrieden bist, male noch den länglichen, dünnen Stiel mit dem Schlepperpinsel oder einem Minipinsel in einem satten Grünton. Direkt unter der Blüte wirkt der Stiel dunkler, setze hier also einen kleinen Schatten mit etwas dunklerer Farbe. Schon ist dein Schmuckkörbchen fertig.

Tipp

Du kannst noch ganz einfach feine Blättchen hinzufügen, wie du sie beim fertigen Motiv siehst. Nimm den Schlepperpinsel, hebe deinen Arm in die Luft und male frei Hand feine grüne Linien an den Stiel, die am Ende etwas spitzer auslaufen. An diese kannst du weitere Verzweigungen setzen.

Tontöpfe

Hauptberuflich bin ich Tagesmutter. Am Begrüßungstag eines neuen Tageskindes drücken wir den Handabdruck mit Fingerfarbe auf einen Tontopf. Diesen bepflanzen wir gemeinsam mit einem Setzling, gießen und kümmern uns um die Pflanze. Wenn ein Tageskind in den Kindergarten entlassen wird, darf es die dann großgewordene Pflanze mitnehmen, um ihr weiterhin beim Wachsen zusehen zu können. Jeder neue Erdbewohner, ob Mensch, Tier oder Pflanze muss gepflegt werden, um zu wachsen. Deshalb war es ein Herzenswunsch von mir, dieses Projekt ins Buch aufzunehmen.

MEINE FARBPALETTE

Braunton hell **(964 + 926 + 946)**

Grünton hell **(932 + 933)**

Grünton dunkel **(944 + 932)**

Urban Braun **(946)**

SONSTIGES

- zwei Wassergläser
- Abtropftuch
- Radiergummi

MATERIALIEN

PAPIER

- Hahnemühle Burgund, cold pressed, 250 g/qm, 17 x 24 cm

PINSEL

- Rundpinsel Gr. 4, 2 und 1
- Schlepperpinsel Gr. 0/3

STIFTE

- Bleistift HB

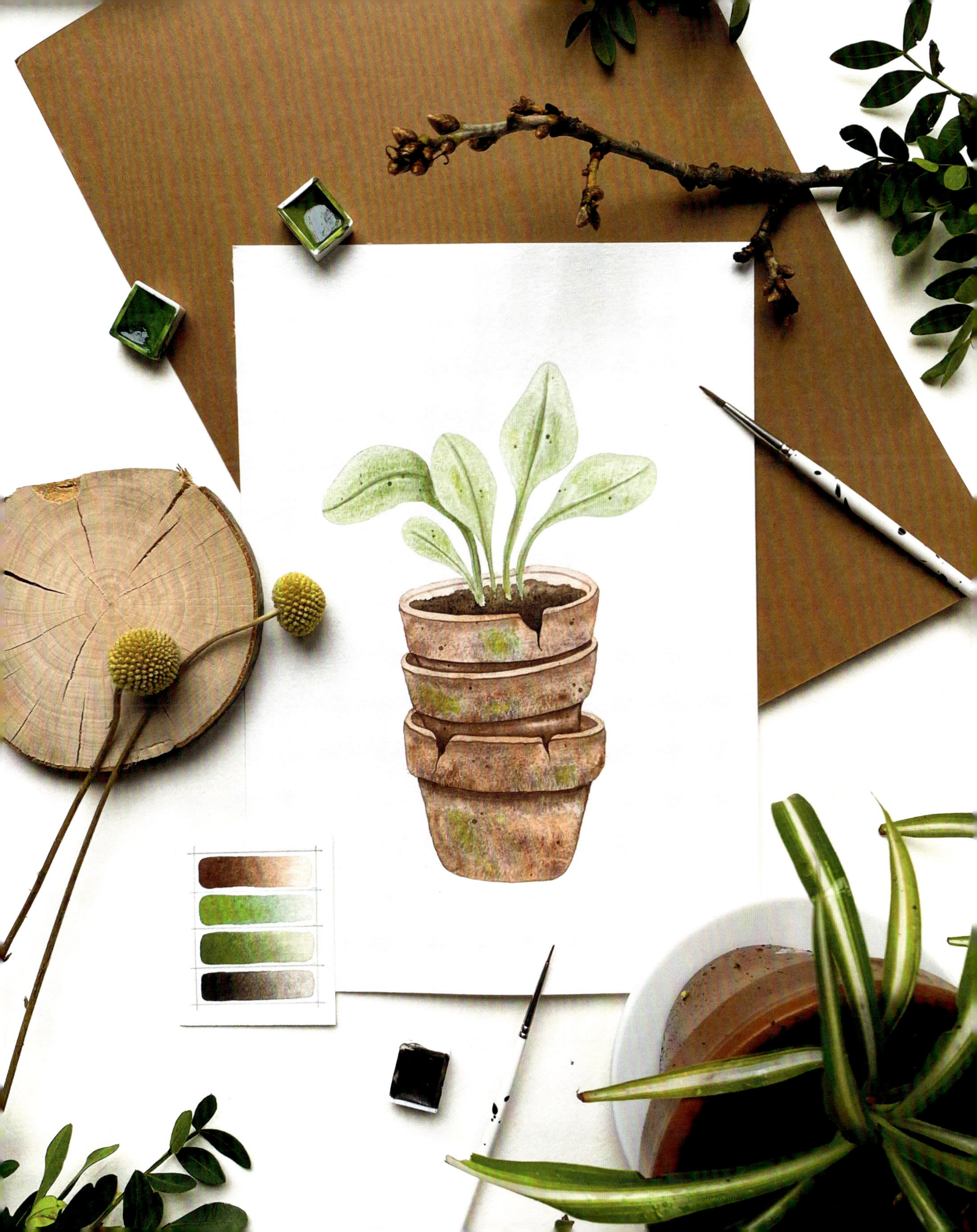

So geht's

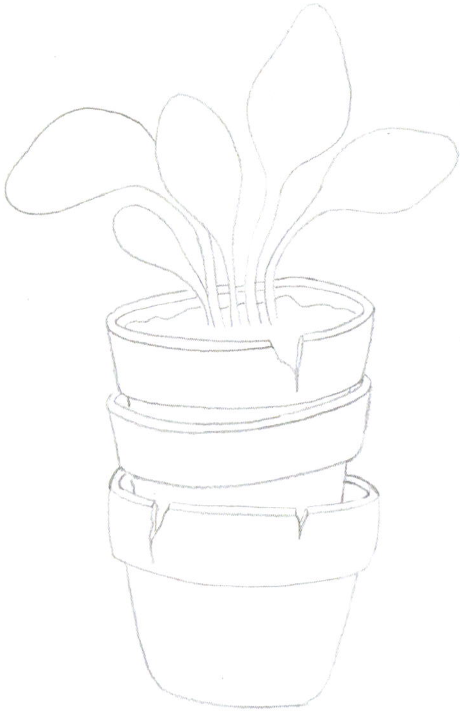

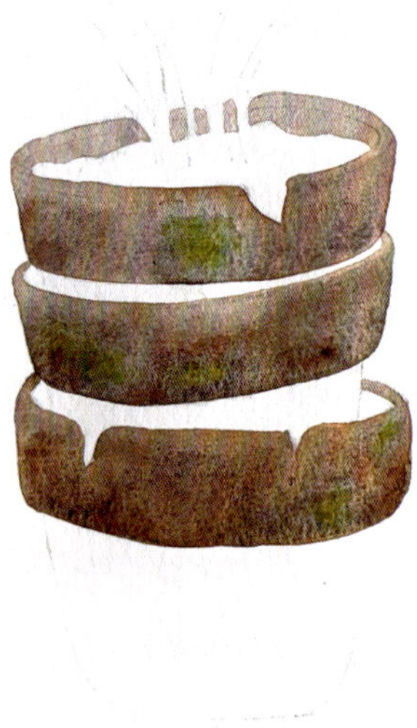

1 Beginne bei der Vorzeichnung mit dem untersten Tontopf. Denke auch hier beim Zeichnen immer an geometrische Formen. Ich habe Ovale, ein Rechteck als Topfrand und darunter ein Quadrat verwendet. Anschließend habe ich die Ecken abgerundet und einen zweiten ovalen Kreis gezeichnet, der den inneren Rand darstellt. Wenn du ein paar Macken und kaputte Ecken einarbeitest, wirken die Tontöpfe noch interessanter. Ich entschied mich für drei Töpfe übereinander, um dem Bild etwas Lebendigkeit zu verleihen. Zeichne in den obersten Topf eine hügelige Erdschicht und ein junges Pflänzchen deiner Wahl.

2 Beginne beim Malen mit den Rändern deiner Tontöpfe und verwende dafür ein helles bis mittleres Braun. An der unteren Kante kannst du etwas mehr Pigmente einarbeiten, sodass die Ränder oben heller und unten ein wenig dunkler wirken. Um alte Ablagerungen von vorherigen Pflanzen oder Moos anzudeuten, nimm ein sattes Hellgrün und tupfe es in die noch feuchte Farbe des Untergrundes hinein.

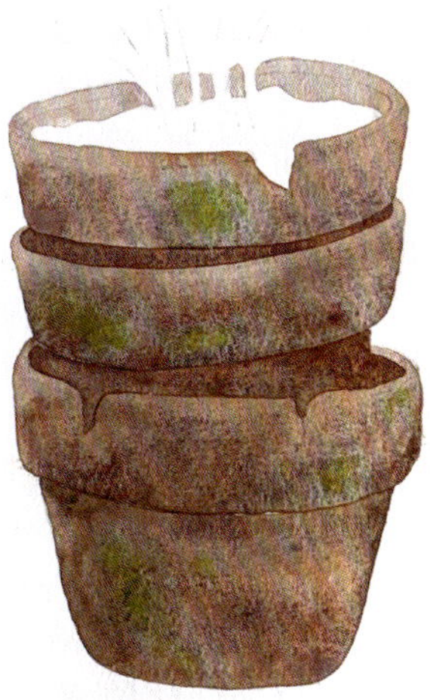

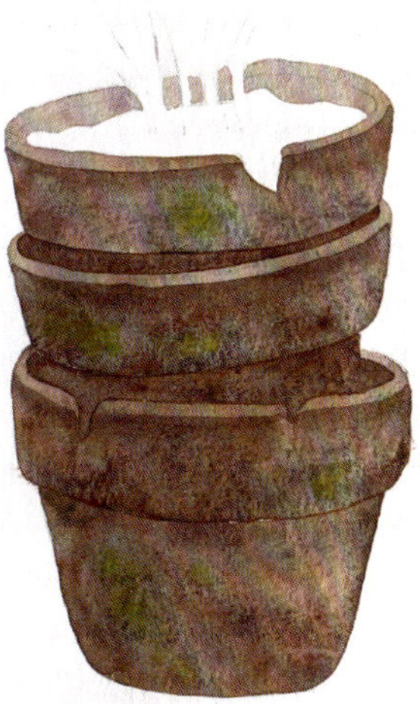

3 Male nun jeweils den unteren Teil der Töpfe mit demselben Braunton aus. Da die Umrandung vom eigentlichen Topf leicht absteht, kannst du direkt unter der Umrandung dunklere Brauntone mit einarbeiten, um einen leichten Schatten anzudeuten. Auch in diesen Bereich kannst du deine grüne Farbe hineintupfen, um Pflanzenreste darzustellen.

4 Nun formen wir den oberen Rand des Topfes mit Farbe aus. Nimm deinen Schlepperpinsel zur Hand und tauche ihn in ein sattes Mittelbraun. Ziehe damit parallel zur oberen Kante deiner Tontöpfe, aber etwas darunter gelegen, einen weiteren Strich. Die Farbe sollte noch leicht feucht sein, damit du jetzt mit einem leicht feuchten Rundpinsel die braunen Pigmente nach unten verblenden kannst. So haben wir die Dicke der Tontöpfe visualisiert.

Weiter geht's

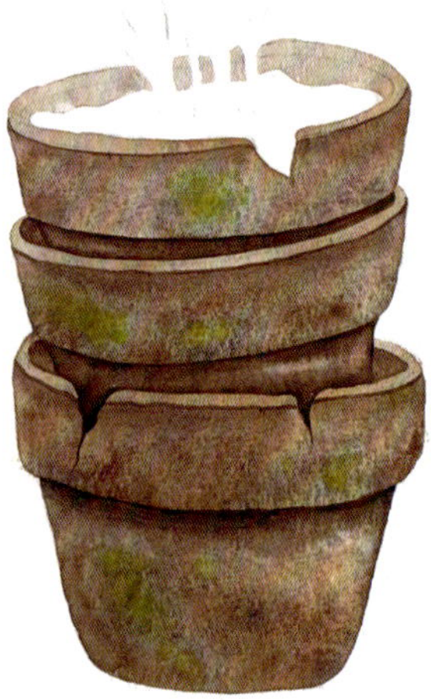

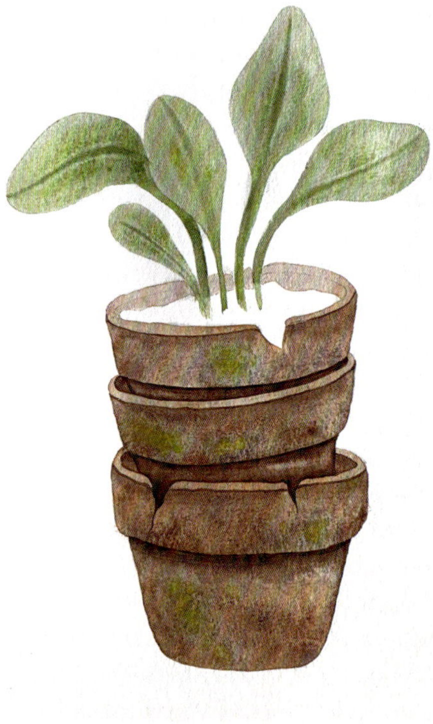

5 Da mir die Kontraste nicht stark genug waren, bringen wir nun mehr Schatten in die Illustration. Verwende dafür einen Rundpinsel und schnappe dir ein Dunkelbraun. Damit gehst du über alle Ecken der Tontöpfe, die im Schatten stehen. Auch die Risse sollten mit vielen Pigmenten ausgearbeitet werden, denn je tiefer der Riss, desto dunkler sollte der Hintergrund sein. Schon sind die Tontöpfe fertig.

6 Nun sind die Setzlinge an der Reihe. Dafür habe ich zwei Grüntöne verwendet: zum einen das Hellgrün, das auch im Tontopf zu finden ist, zum anderen ein etwas dunkleres Grün, um Blattlinien und Schatten anzudeuten. Fülle also deine kleinen Blätter mit deinem Hellgrün und verblende Schatten, die du mit dem dunkleren Grünton setzt. Lass die Farbe antrocknen und ziehe dann die mittigen Blattadern mit einem Schlepperpinsel und deinem Dunkelgrün.

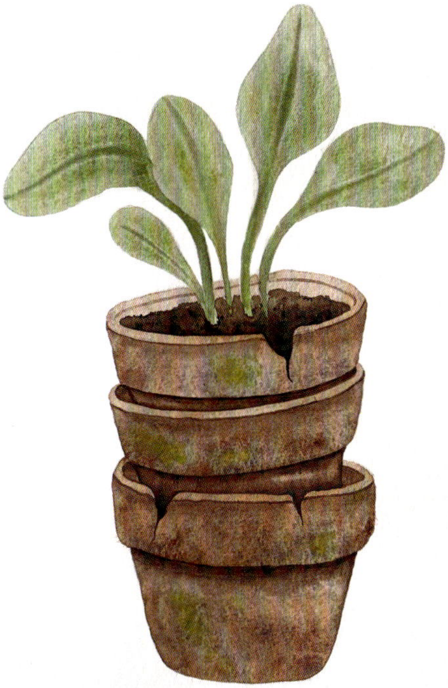

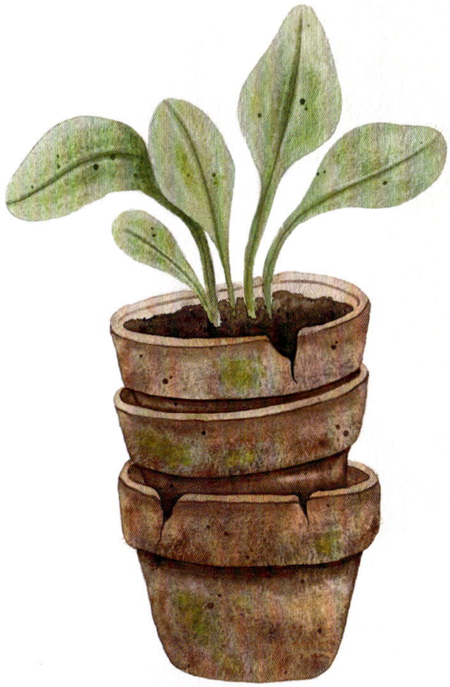

7 Wir kommen zur Erde, die meist einen dunkleren Braunton hat als die Tontöpfe. Male mit einem Rundpinsel die Erde nach und beachte dabei die hügeligen Erdklümpchen. Je weiter du mit der Erde nach unten zu einem Riss kommst, desto mehr Pigmente solltest du einarbeiten. Lass diese Schicht komplett trocknen. Im Anschluss nimmst du einen Minipinsel und tupfst leicht dunkle Punkte auf die Erde, um einzelne Erdteilchen darzustellen und der Erde mehr Struktur zu geben. Am hinteren Topfrand fügst du außerdem eine feine dunkelbraune Linie ein, um auch dort die Dicke des Topfrands erkennbar zu machen.

8 Zum Schluss kommt wie so oft mein liebstes Gestaltungsmittel zum Einsatz: kleine feine Pünktchen setzen. Ob auf den Blättern oder den Tontöpfen, hier kannst du frei entscheiden, wohin und wie viele.

Vogelhäuser

Gib deinen Vögeln im Garten ein Zuhause! In meinem Garten gibt es ein großes Vogelhaus, drei Nistkästchen, einen Fledermauskasten sowie ein Insektenhaus. Vogelhäuser werden von Vögeln gerne besucht, um Futterquellen oder einen Unterschlupf zu finden. Ich erfreue mich immer am Anblick der unterschiedlichen Tiere und an ihrem Gesang. Aber Vogelhäuser sind nicht nur funktional, sondern auch eine dekorative Bereicherung für den Garten. Sie schaffen eine natürliche Atmosphäre und ermöglichen einem, die Schönheit der Natur direkt vor der eigenen Haustür zu genießen.

MEINE FARBPALETTE

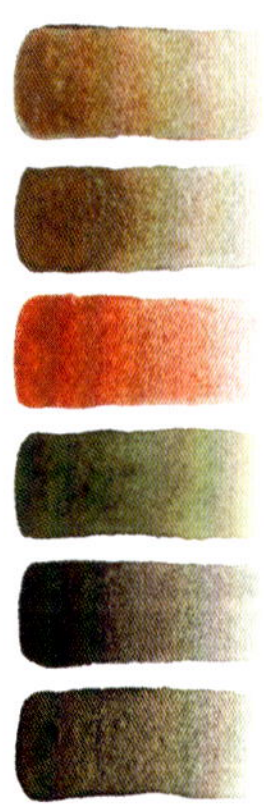

- Wüsten Braun **(923)**
- Braunton **(923 + 946)**
- Urban Rot **(926)**
- Grünton **(941 + 945)**
- Urban Braun **(946)**
- Nebel Braun **(969)**

MATERIALIEN

PAPIER

- Hahnemühle Expression, cold pressed, 300 g/qm, 24 x 30 cm

PINSEL

- Rundpinsel Gr. 2 und 0/3
- Schlepperpinsel Gr. 0/3

STIFTE

- Bleistift HB

SONSTIGES

- zwei Wassergläser
- Abtropftuch
- Radiergummi
- Lineal

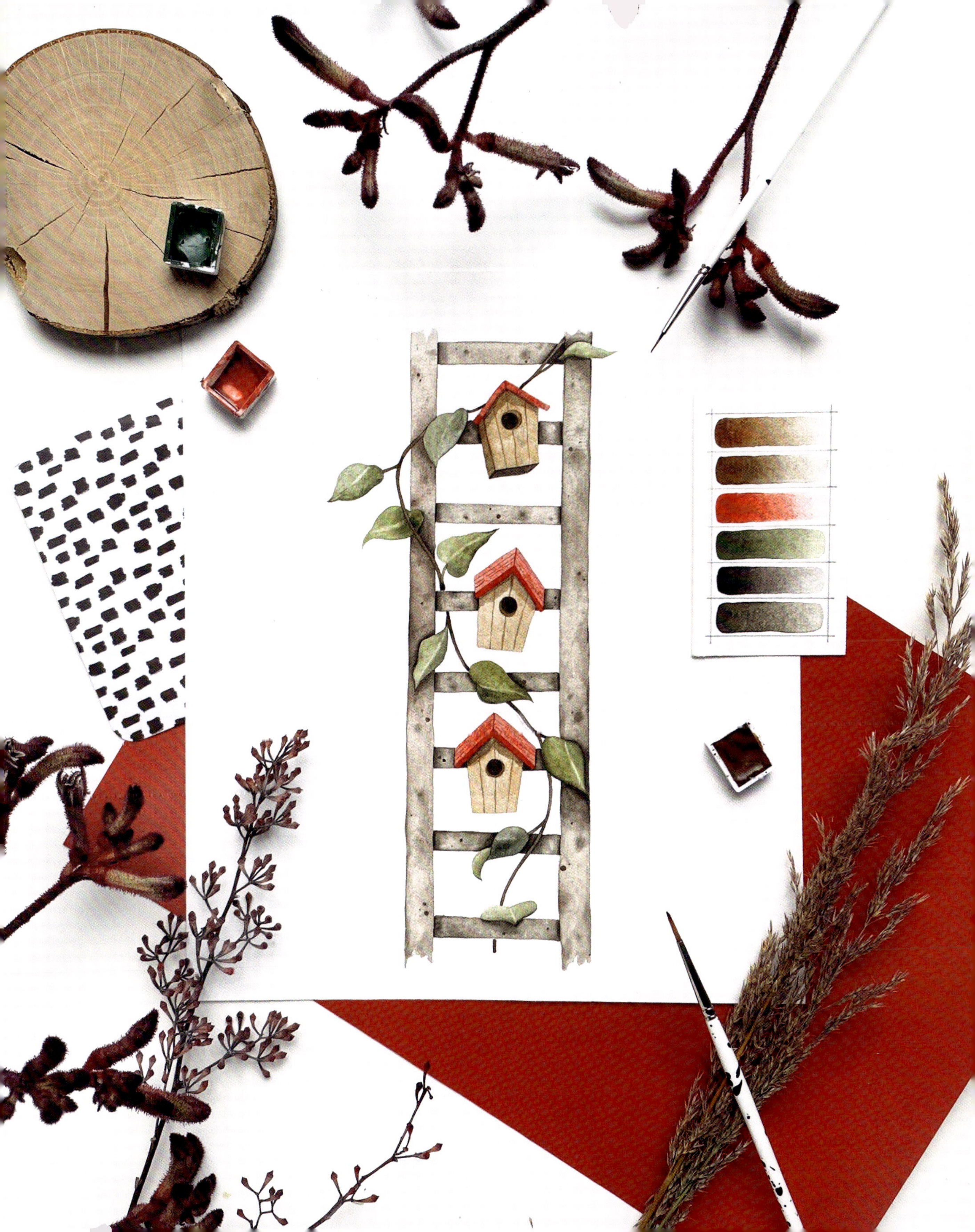

So geht's

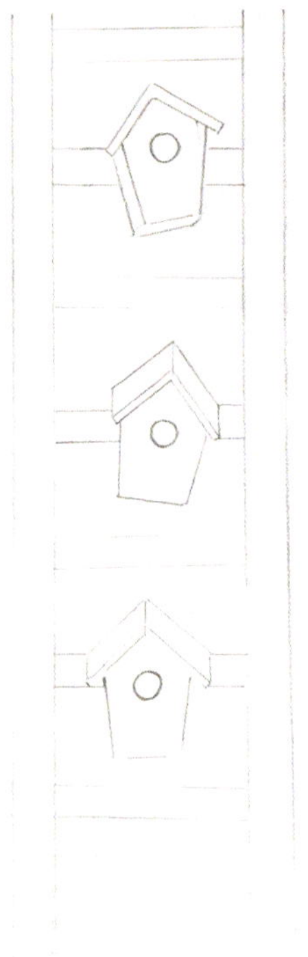

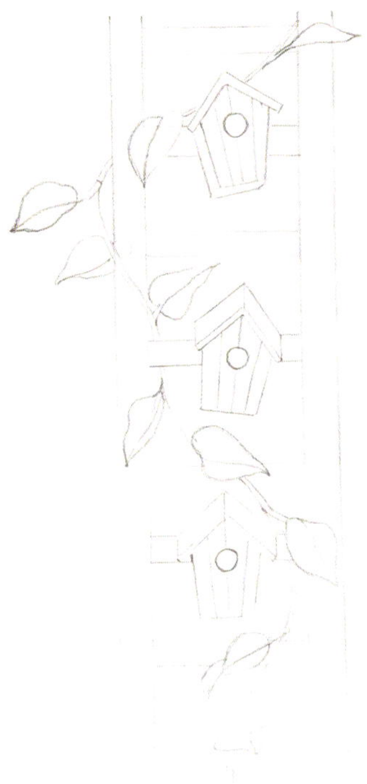

1 Für diese Vorzeichnung habe ich so gut wie alle Linien, außer denen für das Einflugloch des Vogelhäuschens, mit einem HB-Bleistift und einem Lineal gezogen. Beginne bei der Leiter. Achte darauf, dass die Sprossen alle gleich lang sowie dick sind und denselben Abstand zueinander haben. Um die Illustration spannender zu gestalten, habe ich die Vogelhäuser aus unterschiedlichen Winkeln skizziert. Sie bestehen jeweils aus Dach, Kasten und Einflugloch. Lass zwischen den Vogelhäusern am besten jeweils eine Sprosse der Leiter frei, damit diese nicht zu dicht aufeinander gedrängt wirken.

2 Wenn du mit deiner Skizze zufrieden bist, zeichnest du eine Pflanze, wie z. B. Efeu, die sich auch an Bäumen hochschlängeln kann, dazu. Mir war es gar nicht so wichtig zu zeigen, um welche Pflanze es sich genau handelt, es soll nur andeuten, dass sich die Leiter in der Natur befindet. Ziehe einen Stängel von oben bis unten entlang der Leiter und füge deine Blätter hinzu. Achte dabei darauf, dass alle Blätter ein wenig anders aussehen sollten, entweder durch den Blickwinkel, die Neigung oder im Vorder- oder Hintergrund des Stiels etc.

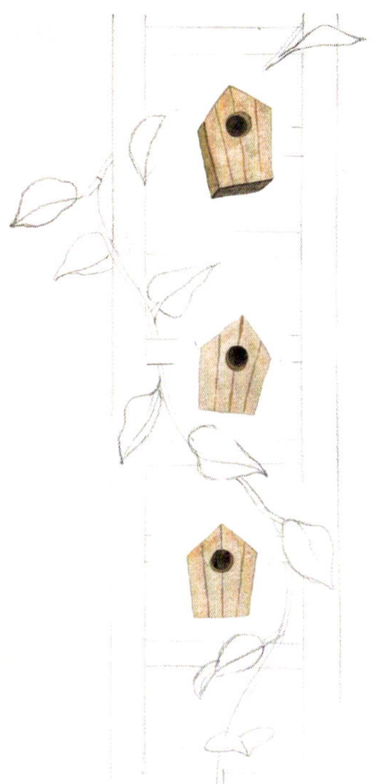

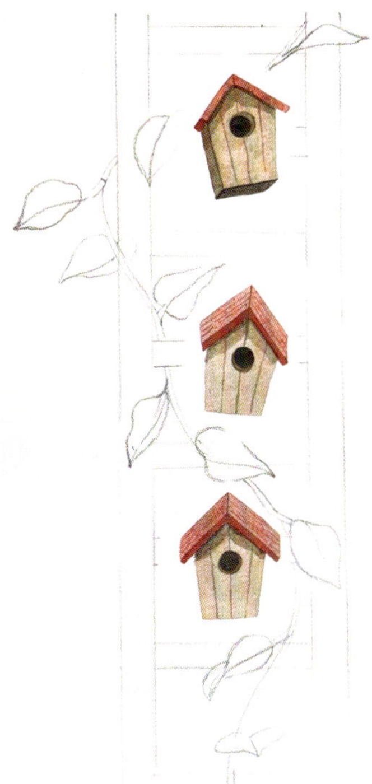

3 Grundiere die Vorderseite der Vogelhauschen mit einem hellen Braun. Anschließend nimmst du mit deinem Schlepperpinsel etwas mehr bräunliche Pigmenten und ziehst feine dunkle Linien von unten nach oben. Damit sollen die einzelnen Holzbretter angedeutet werden. Für das runde Einflugloch benötigst du ein sehr dunkles Braun, da man, wenn man ins Vogelhäuschen hineinschaut, von außen nichts erkennen kann. Male einen kleinen Halbkreis mit einem Minipinsel darunter bzw. daneben (je nach Winkel, aus dem man das Vogelhäuschen sieht), um die Dicke des Holzes zu visualisieren. Male außerdem die Seitenwände und den Boden mit passenden Brauntönen aus. Hier ist die Unterseite die dunkelste, da die Sonne von oben kommt.

4 Das Dach malst du mit einem kleinen Rundpinsel oder einem kleinen Minipinsel in einem kräftigen Rot an. Beachte dabei auch hier die Licht- und Schattenverhältnisse. Wenn man auf das Dach schauen kann, solltest du mit deinem Schlepperpinsel feine Linien in einem höher pigmentieren Rot andeuten. Die vordere Kante der Dächer kann ebenso mit einem dunkleren Rotton hervorgehoben werden.

Weiter geht's

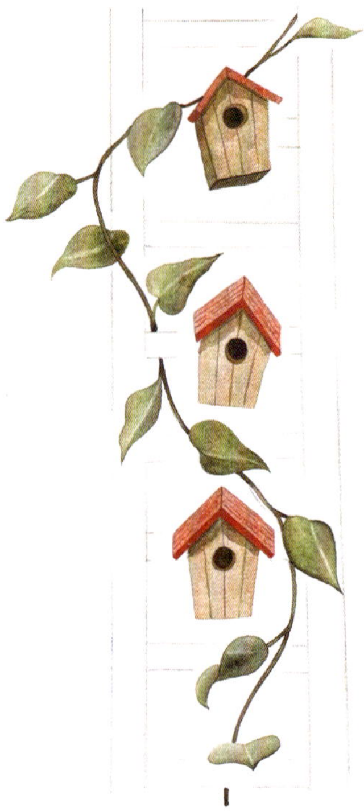

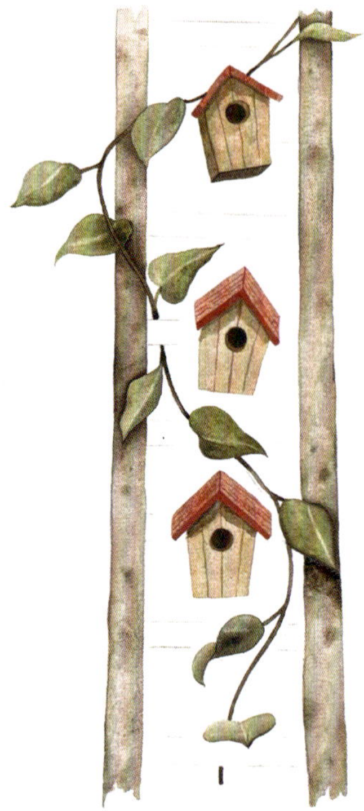

5 Radiere die Skizze deiner Pflanze leicht aus und male die Blätter mit einem kleinen Rundpinsel und grüner Farbe aus. Wenn das Grün noch leicht feucht ist, nimm den minimal feuchten Schlepperpinsel, und ziehe in der Mitte des Blattes deine Blattader nach. Der Pinsel nimmt dabei einige Pigmente wieder auf und der Strich wirkt heller. Wenn du mit deinen Blättern fertig bist, kannst du mit einem Minipinsel den Stiel deiner Pflanze mit einem satten Braun ziehen. Setze unter den Blättern und Verzweigungen etwas dunklere Schatten in den Stiel.

6 Die Farbe für die Leiter habe ich aus Braun und etwas Schwarz zusammengemischt und dann einen sehr hellen Tonwert der Farbe verwendet. Male die Leiter damit von oben nach unten aus. Zwischendurch habe ich einen höheren Tonwert derselben Farbe verwendet, um damit die Schatten der Pflanze anzudeuten sowie um damit vereinzelte dunkle Stellen auf die Holme zu tupfen, sodass eine Art Holzstruktur entsteht.

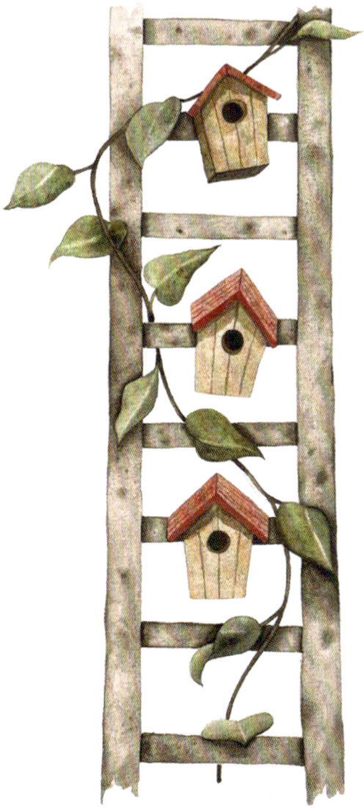

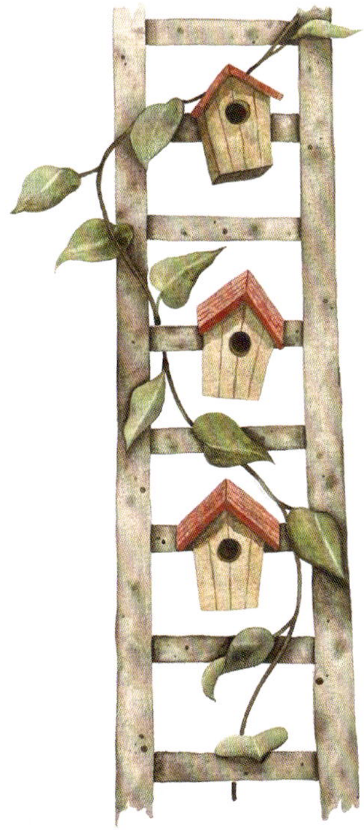

7 Nun werden die Sprossen in der Mitte mit demselben Farbton ausgemalt. Diese sind zu den beiden Holmen rechts und links leicht nach hinten versetzt, weshalb du an den Seiten schon mal bei jeder Sprosse einen kleinen Schatten anbringen kannst. Ansonsten nimm überall dort, wo es aufgrund deiner Zeichnung einen Schatten geben muss oder eine dunkle Holzstruktur erwünscht ist, von deiner angemischten Aquarellfarbe einen höheren Tonwert.

8 Du kannst an dieser Stelle die typische Holz-Struktur auf die Balken malen, die ich dir noch beim Projekt „Körbchen“ ab Seite 110 erklären werde; oder du machst es wie ich und tupfst wieder hier und da ein paar Punkte hinein, die das Bild noch lebendiger wirken lassen. Wann zieht wohl der erste Gast in sein Häuschen ein?

Baumscheibe

Die Jahresringe eines Baumes kann man fast lesen wie ein Logbuch; hellere, meist breitere Ringe (Frühholz) werden im Frühjahr gebildet. Bei ihnen sind die Zellen größer und dünnwandiger, um besonders viel Wasser und Nährstoffe aufnehmen zu können. Die dunklen, meist schmalen Ringe (Spätholz) werden im Winter aus kleineren Zellen gebildet, wenn der Bedarf an Wasser und Nährstoffen gering ist. Hältst du also eine Baumscheibe in den Händen, kannst du neben dem Alter des Baumes auch erkennen, wie lang die Jahreszeiten in jedem Jahr etwa waren.

MEINE FARBPALETTE

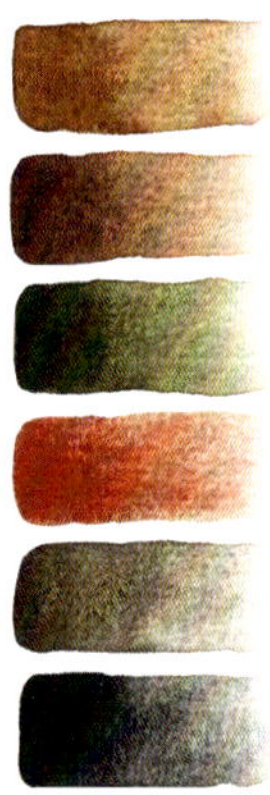

- Braunton **(651 + 923)**
- Gletscher Braun **(964)**
- Grünton **(941 + 985)**
- Urban Rot **(926)**
- Wüsten Grau **(925)**
- Nebel Schwarz **(970)**

SONSTIGES

- zwei Wassergläser
- Abtropftuch
- Radiergummi
- Lineal
- Kreiszeichner

MATERIALIEN

PAPIER

- Hahnemühle The Collection – Watercolour, cold pressed, 300 g/qm, 24 x 32 cm

PINSEL

- Rundpinsel Gr. 6, 2 und 0
- Minipinsel Gr. 0/3
- Schlepperpinsel Gr. 0/3
- Flach- oder Schrägpinsel Gr. 4 und 2

STIFTE

- Bleistift HB

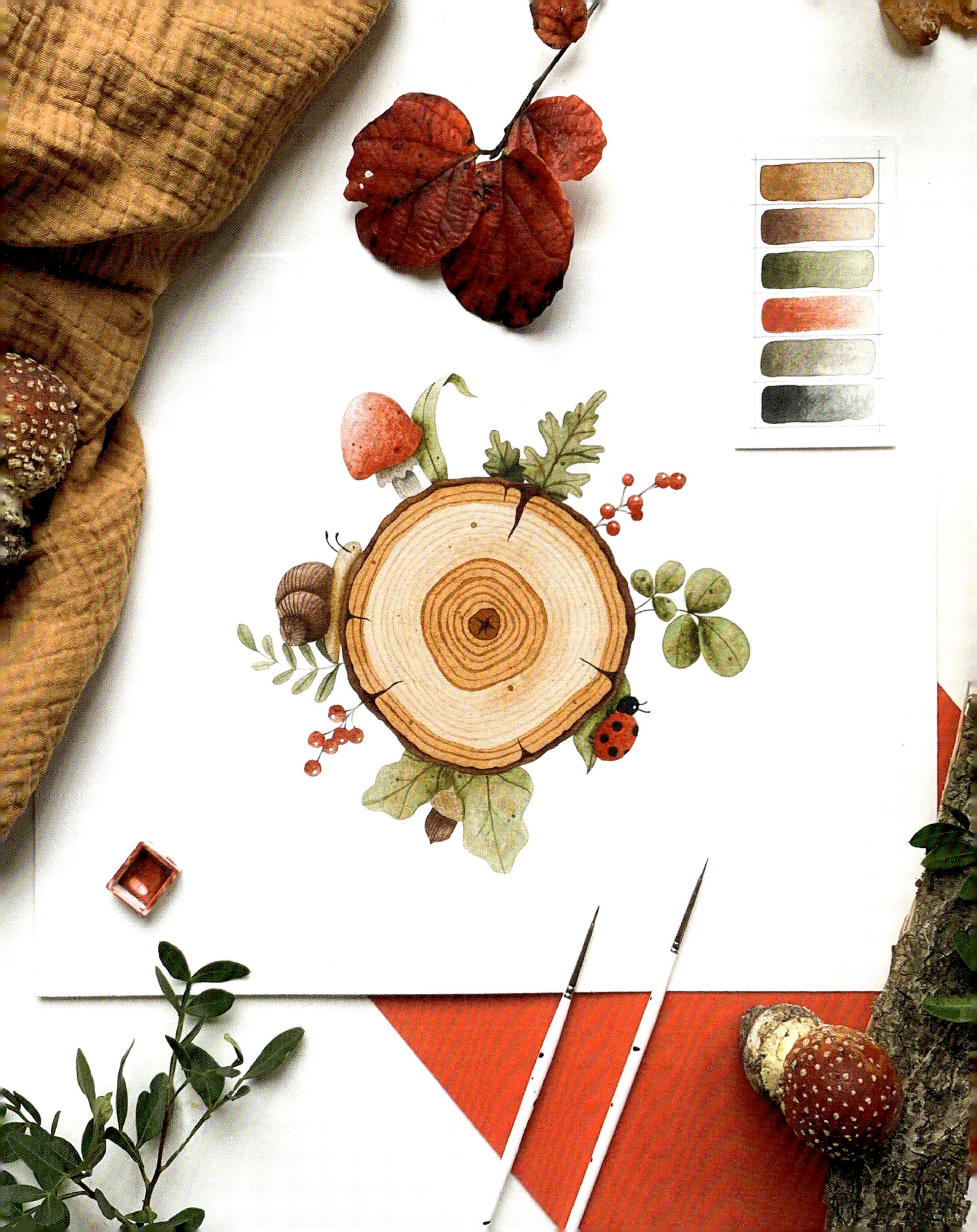

So geht's

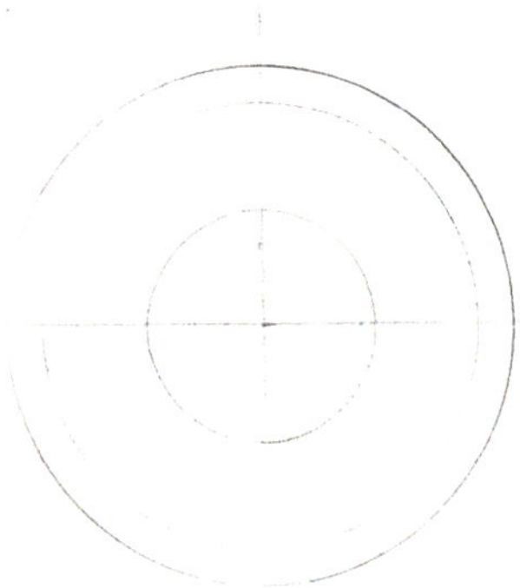

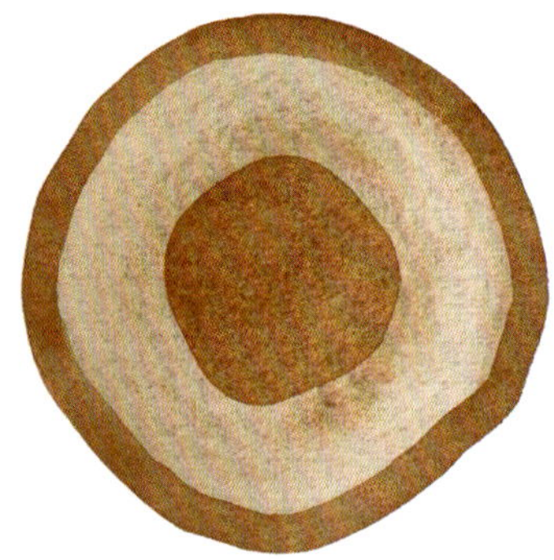

1 Um den Mittelpunkt eines Papiers herauszufinden, miss zunächst die lange und kurze Seite aus. Bei der jeweiligen Hälfte beider Seiten ziehst du mit dem Lineal und leichtem Druck eine Linie. Dort, wo sich diese Linien kreuzen, befindet sich der Mittelpunkt deines Blattes. Nun lege den Mittelpunkt deines Kreiszeichners auf den Mittelpunkt und ziehe drei Kreise. Der äußerste sowie der mittlere sollten nicht allzu weit voneinander entfernt liegen, der innerste darf dagegen deutlich kleiner sein.

2 Radiere deine Vorskizze vorsichtig aus, wobei der innerste und der mittlere Kreis nur ganz leicht wegradiert werden müssen. Denn mit einem Pinsel deiner Wahl grundierst du deinen kompletten Stamm bis zum äußeren Kreis mit einem sehr hellen Braun. Sei bitte an dieser Stelle nicht zu akkurat. Die Baumrinde ist rau und ein Baum ist selten ganz rund gewachsen. Die Bleistiftstriche der beiden innenliegenden Kreise sollten noch leicht zu erkennen sein.

3 Vom gleichen Braunton kannst du nun mehr Pigmente auf einen Flach- oder Schrägpinsel aufnehmen und ziehst entlang der äußeren Kante einen deutlich dickeren Strich, bis etwa zum mittleren Kreis, einmal komplett herum. Von der Kreismitte malst du frei Hand mit derselben Farbe und Tonwert einen Kreis, wobei du dich dabei am inneren Kreis orientieren kannst. Tupfe auch hier etwas deiner Farbe auf das Schmierblatt und lass sie trocknen.

Tipp

Male mit der gewählten Aquarellfarbe ein paar Farbkleckse oder Streifen auf ein separates (Schmier-)Blatt und lass diese trocknen. Diese werden wir bei Schritt 5 nochmal benötigen.

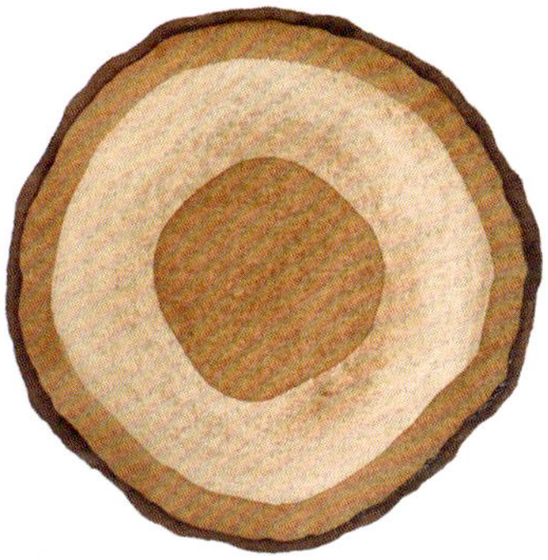

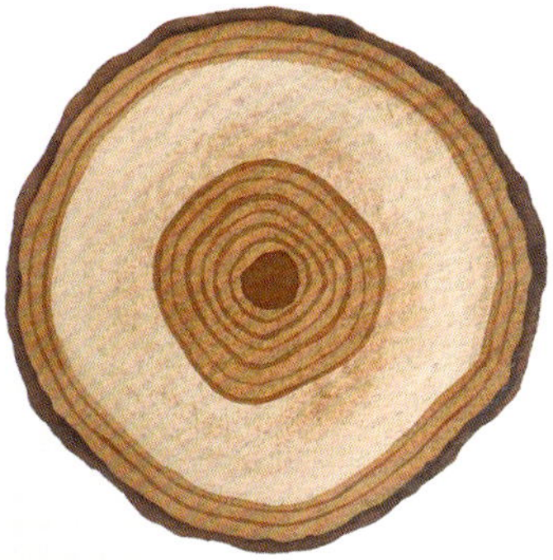

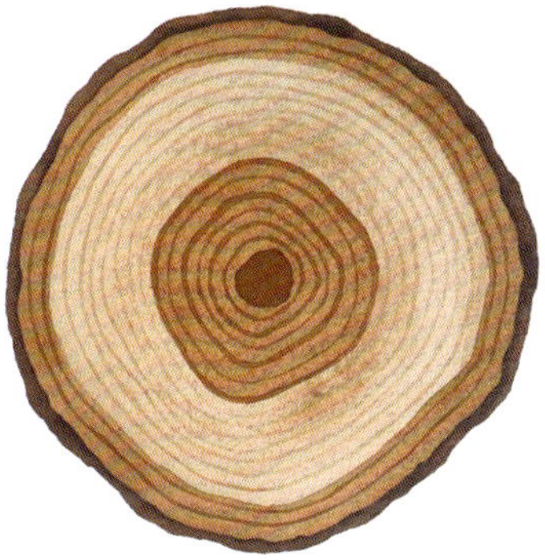

4 Wenn du ein sattes dunkles Braun hast, kommt dieses jetzt zum Einsatz. Mit einem kleinen Rundpinsel oder einem Minipinsel ziehst du an der äußeren Kante einen dunkelbraunen Strich um die komplette Baumscheibe. Mit einem kleinen Abstand zu dieser gerade gezogenen Umrandung ziehst du ein zweites Mal eine dunkle Linie, sodass dazwischen noch etwas Weiß des Papieres zu sehen ist. Mit einem größeren Rundpinsel kannst du dann vorsichtig die Lücke mit derselben Aquarellfarbe füllen.

5 Nun kommen wir zu den ersten Jahresringen. Diese teile ich mir etwas auf, denn für den dunkleren Hintergrundbereich benötigen wir dunklere Farbe als auf dem hellen Untergrund. Mische daher zuerst ein Mittelbraun und teste die Farbe auf dem Braun, das du in Schritt 3 auf ein Schmierblatt gemalt hast. Anhand dessen kannst du den perfekten Tonwert deiner Jahresringe bestimmen. Ziehe dann mit deinem Schlepperpinsel direkt die Kante des inneren Kreises nach. Die weiteren Jahresringe zur Mitte hin sollten die runde Form in etwa beibehalten. Male in der Mitte selbst mit einem Rundpinsel frei Hand einen kleinen dunklen Kreis. So gehst du auch an den äußeren dunklen Hintergrundring ran.

6 Du weißt bestimmt schon, was jetzt folgt: Wir malen die helleren Jahresringe. Teste auch hier deine Farbe zuerst auf dem Schmierblatt, auf dem du in Schritt 2 den Grundton angelegt hast. Danach richte dich auch hierbei nach der Form des Kreises und fülle den helleren Hintergrundbereich mit Jahresringen.

Weiter geht's

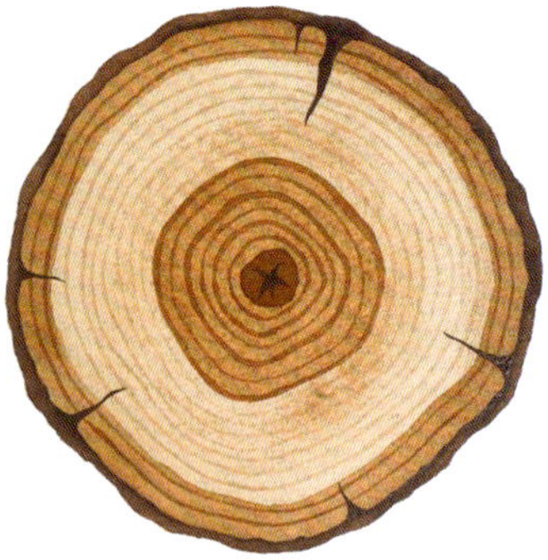

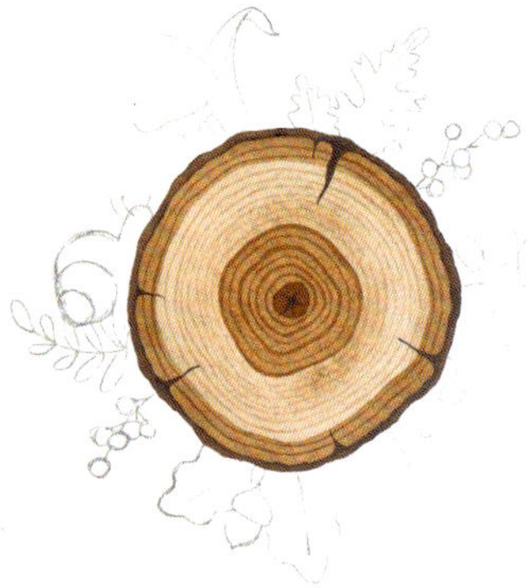

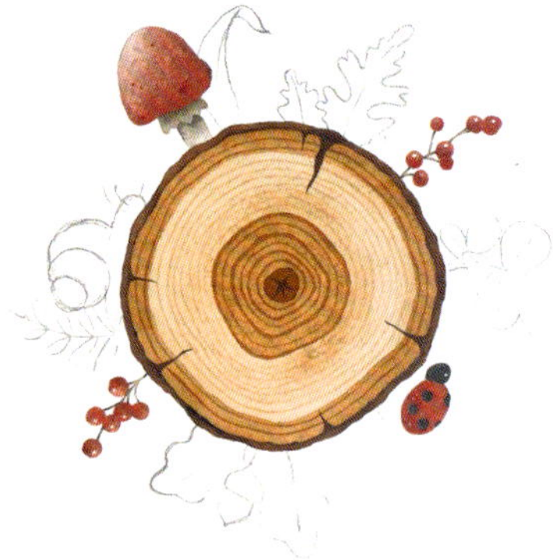

7 Ähnlich wie bei den Tontöpfen auf Seite 92 arbeiten wir Einkerbungen in die Holzscheibe ein. Nimm dafür das Dunkelbraun, das du auch für die Rinde verwendet hast, greife zu einem Minipinsel und ziehe locker aus dem Handgelenk pro Einkerbung einen Strich in Richtung der Baumscheibenmitte. Male so viele Risse, wie du magst, an unterschiedlichen Stellen, mal mehr und mal weniger breit. Ebenso kannst du eine Einkerbung, die in etwa so aussieht wie ein Stern, in die Baumscheibenmitte malen. Schon ist die Baumscheibe fertig.

8 Da ich diese Illustration im Herbst gemalt habe, war mir nach Herbstmotiven. Was du aber um deine Baumscheibe malst, ist ganz dir selbst überlassen. Thematisch passen natürlich die Jahreszeiten, aber auch themenbezogene Motive für eine Hochzeit, Taufe oder auch eine Beerdigung passen gut. Achte in jedem Fall darauf, welche Farben sich in den verschiedenen Motiven vielleicht wiederholen. Motive mit ähnlichen Farbkombinationen habe ich nicht direkt nebeneinander positioniert, sondern eher gegenübergestellt, damit das Gesamtbild harmonisch wirkt. Nutze für die Vorzeichnungen einen HB-Bleistift.

9 Sind die Vorzeichnungen fertig, füge zuerst die knalligste Farbe bei allen Motiven ein, in denen sie vorkommt. In meinem Fall ist es das Rot. Hierbei darfst du schon richtig ins Detail gehen. Ich habe in den Beeren das Weiß vom Papier stehen gelassen, um einen Lichtpunkt zu symbolisieren, aber auch meine bekannten Punkte habe ich im Pilz schon als Stilmittel untergebracht.

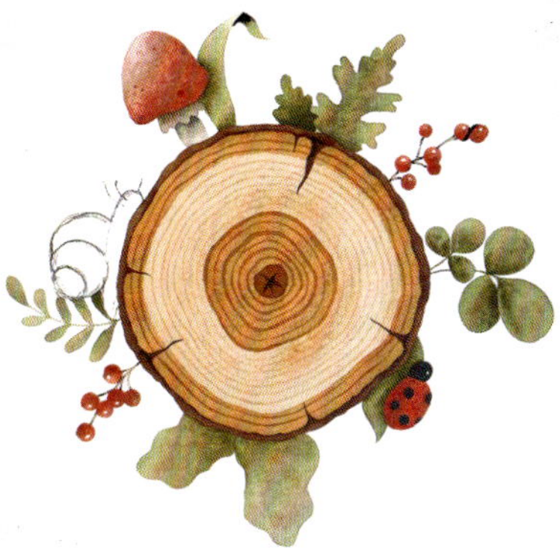

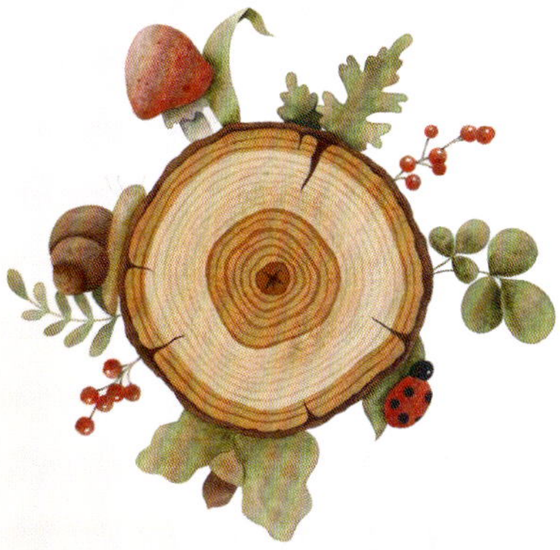

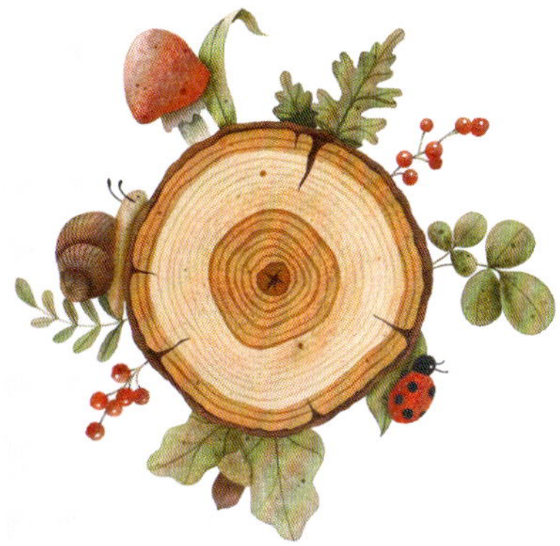

10 Kommen wir zur zweiten Farbe, die sich oft wiederholt, dem Grün. Da es ein Herbstmotiv ist, habe ich hin und wieder das Braun der Baumscheibe genommen und es in die noch feuchten grünen Flächen mit hinein getröpfelt. So schaut es aus, als ob sich die Blätter bereits leicht verfärben, passend zur Jahreszeit.

11 Nun fehlen in meinem Beispiel noch die bräunlichen Elemente. Diese wollte ich einfügen, damit sich die Farbe der Baumscheibe in einigen der äußeren Elemente widerspiegelt.

12 Im letzten Schritt folgen wie immer die Details. In diesem Fall sind das die Blattadern in den Blättern, die Riffelung im Panzer der Schnecke sowie deren Fühler. Der Eichel habe ich eine Struktur gegeben und natürlich insgesamt meine über alles geliebten Punkte hier und dort gesetzt. Nun wirkt deine Baumscheibe noch lebendiger!

Körbchen

Kaum nimmt der Winter Abschied aus unseren Gefilden, kribbelt es uns in den Fingern: Die Gartenplanung steht in den Startlöchern! In der Aquarellmalerei sind die Vorbereitungen für die Ernte überschaubar, wir können uns die leckersten Sachen einfach so aufs Papier zaubern. Du darfst ruhig träumen: Schreib dir auf einen Zettel, was du in deinem Traumgarten ernten möchtest, und genau diese Dinge malst du gleich in deine Erntekiste. Bei mir sind es Möhren, Tomaten, Blaubeeren, Radieschen, Äpfel, Birnen und Porree.

MEINE FARBPALETTE

- Braunton **(923 + 915)**
- Wüsten Braun **(923)**
- Vulkan Rot **(913)**
- Vulkan Orange **(912)**
- Rotton **(352 + 230)**
- Tundra Rosa **(982)**
- Grünton **(985 + 944)**
- Wüsten Grau **(925)**

MATERIALIEN

PAPIER

- Hahnemühle Burgund, cold pressed, 250 g/qm, 17 x 24 cm

PINSEL

- Rundpinsel Gr. 4, 2 + 1
- Flachpinsel Gr. 4
- Schlepperpinsel Gr. 0/3

STIFTE

- Bleistift HB

SONSTIGES

- zwei Wassergläser
- Abtropftuch
- Radiergummi

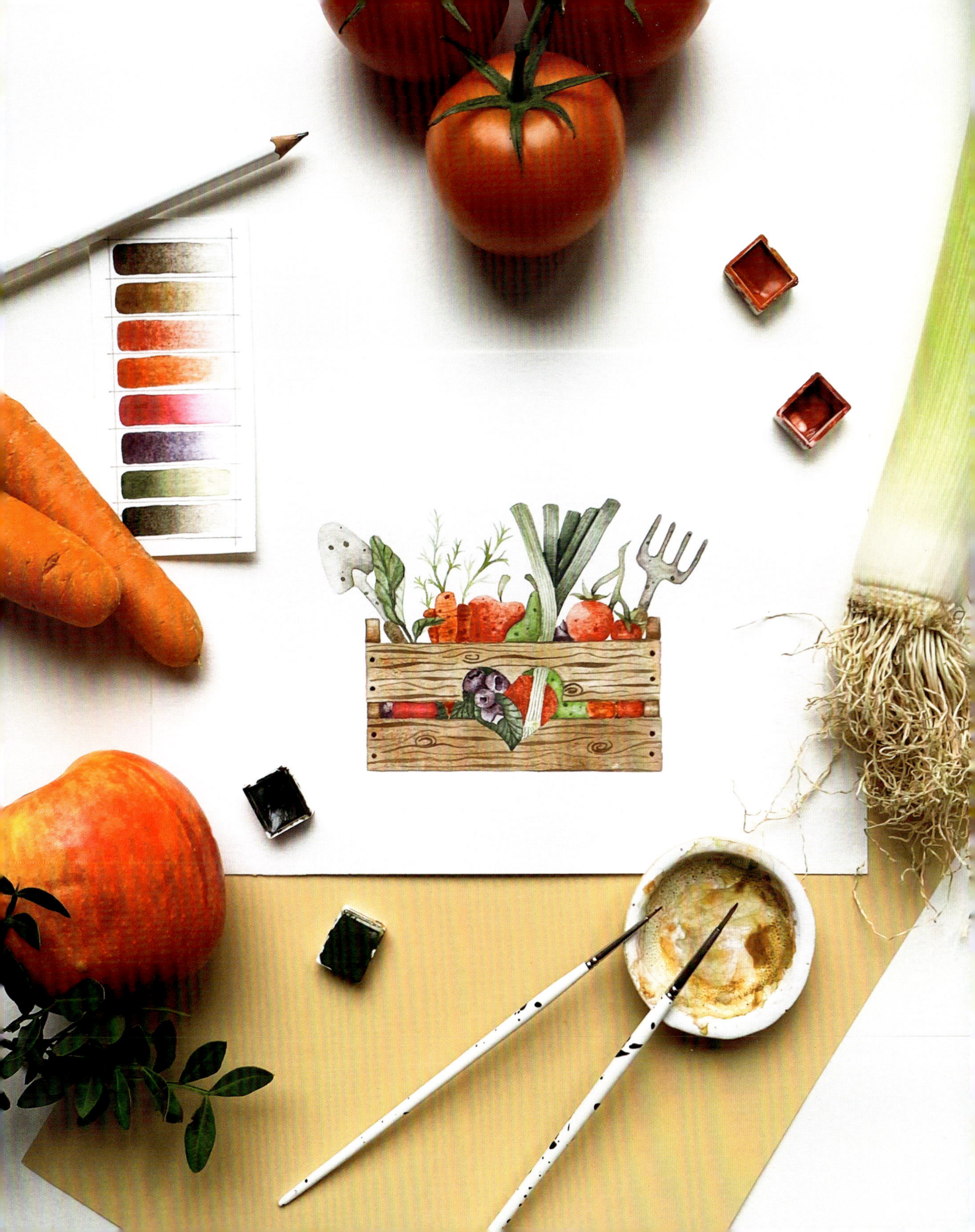

So geht's

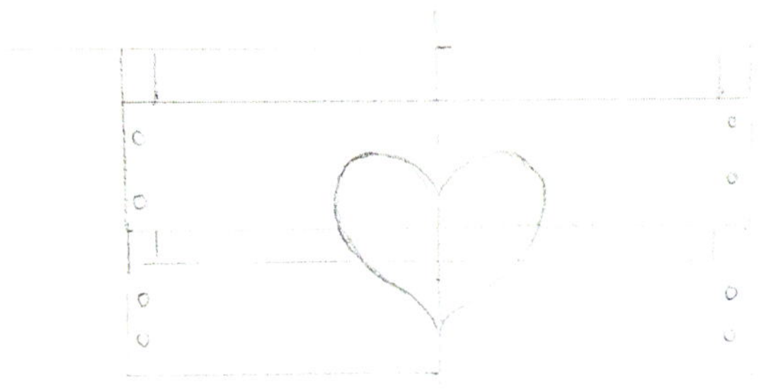

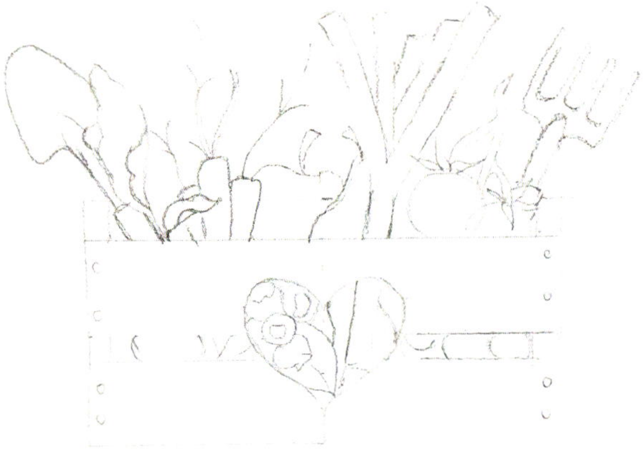

1 Beginne damit, den Mittelpunkt deines Blattes mit dem Lineal auszumessen und mit einem HB-Bleistift die Hilfslinien leicht einzuzeichnen. Unterhalb deines waagerechten Striches beginnen wir mit der Holzkiste. Ich bin vom Mittelpunkt aus 5 cm nach beiden Seiten und nach unten gegangen, um die äußeren Maße der Kiste zu bestimmen. Dann habe ich mir ausgerechnet, wie dick meine Bretter werden sollen. Sie sind bei mir 2 cm groß, weshalb die Abstände zwischen den Brettern und das kleine Holzstück oben jeweils 0,5 cm messen. Auf der senkrechten Hilfslinie habe ich ein Herz in die Holzkiste gezeichnet, da wir unser Wunsch-Obst & -Gemüse ja mit ganz viel Liebe ernten wollen.

2 Jetzt kommen wir zum schönsten Part: aussuchen, was wir alles in unserem imaginären Garten ernten wollen. Natürlich auch alles zur selben Zeit (Beispiel: meist werden Tomaten im Sommer reif, wogegen man Äpfel meist erst im Herbst ernten kann), das spielt hier keine Rolle. Am besten schnappst du dir echte Lebensmittel und zeichnest sie ab. Versuche außerdem, ein bisschen auf die Größenverhältnisse zu achten, damit eine Blaubeere nicht so groß wie ein Apfel ist. Auch ich habe mich nicht immer direkt daran gehalten, denn mein Porree ist halb so groß wie meine Birne. Um die Gartenarbeit, die dahinter steckt, zu visualisieren, zeichne rechts und links Gartengeräte, wie hier eine Schaufel und eine Harke.

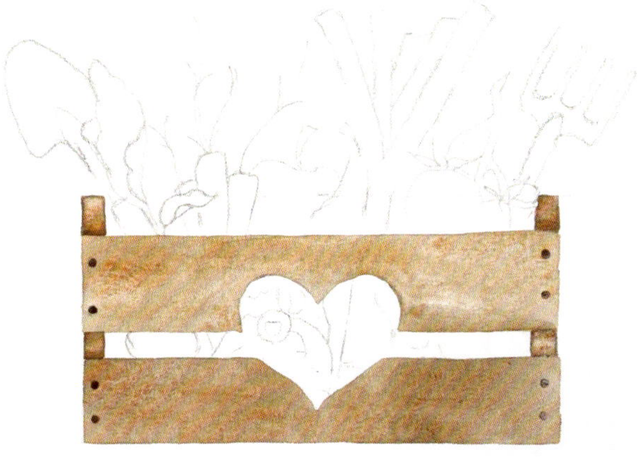

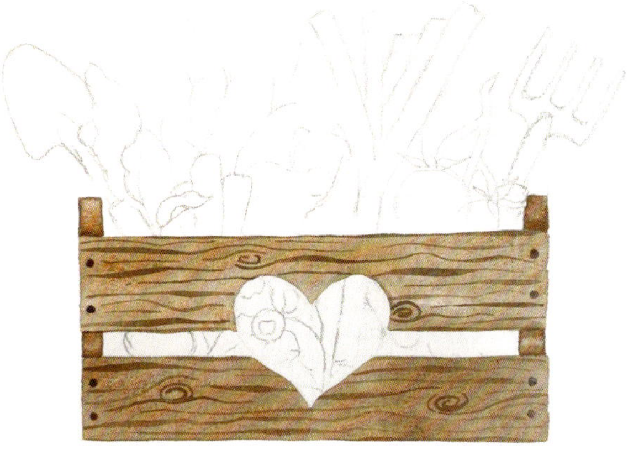

3 Beginne nun mit der Grundierung. Wähle ein helles Braun und einen Rundpinsel, wahlweise auch einen Flachpinsel. Bei Stellen, an denen das Holz weiter hinten liegt, achte darauf, einen kleinen dezenten Schatten einzuarbeiten. Male zum Schluss mit einem Minipinsel und einem dunklen Braun ein paar Nägel, die die Holzkiste zusammenhalten.

4 Holzstrukturen erscheinen auf den ersten Blick anspruchsvoller, als sie sind. Maserungen sind aber so unterschiedlich und individuell, dass du gar nichts falsch machen kannst. Nimm dir einen kleinen Minipinsel oder deinen Schlepperpinsel, tauche ihn in hochpigmentierte braune Farbe und male die Maserung auf deine Bretter. Dafur kannst du ein paar kleine Rundungen setzen und drum herum feine, gestückelte Linien ziehen.

Weiter geht's

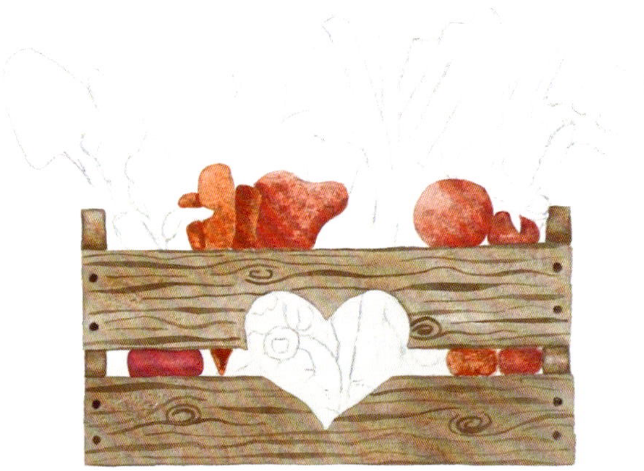

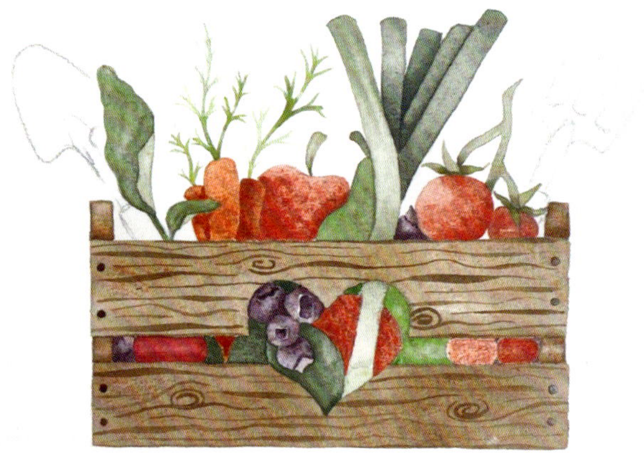

5 Bemale das entsprechende Obst und Gemüse nun mit Farben aus derselben Farbfamilie. In meinem Fall habe ich zuerst alle Rottöne eingefügt. Nutze dazu einen kleinen Rundpinsel und achte auf Schattierungen, wenn etwas hinter einem Gegenstand liegt.

6 Nun kommen wir zur grünen Farbfamilie, und auch Violett habe ich in diesem Schritt angelegt. Achte immer auf Licht und Schatten; vor allem beim Porree kannst du gut erkennen, welchen Unterschied die Farbabstufungen machen. Das vorderste Blatt ist sehr hellgrün, die dahinterliegenden werden immer dunkler, so wirkt das Bild räumlicher.

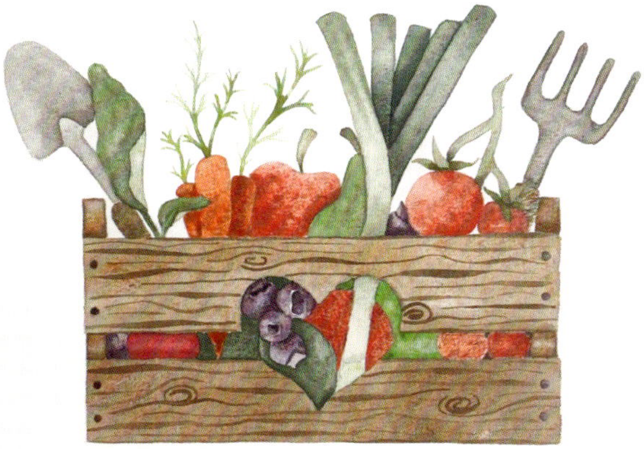

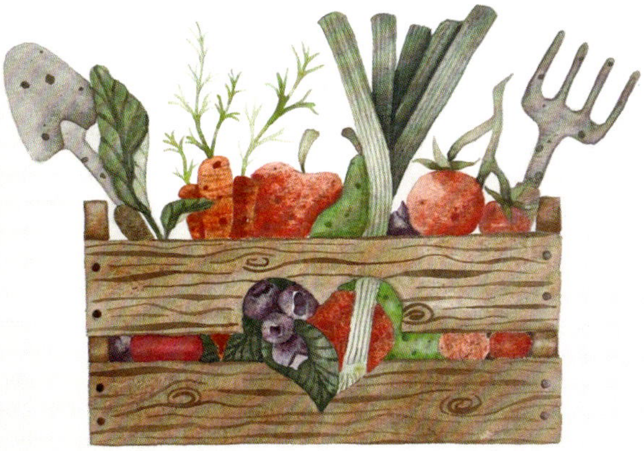

7 Die Gartengeräte kannst du mit einem Grauton bemalen. So fallen sie neben den verschiedensten Obst- und Gemüsesorten mehr auf. Den Griffen habe ich ein ähnliches Braun gegeben, wie bereits für die Holzmaserung verwendet wurde.

Info

Alle Tonwerte eines Farbtons sowie bestimmte Mischungen gehören zur gleichen Farbfamilie. Das ist so lange der Fall, wie der Grundton in der Mischung überwiegt. Z. B. kannst du Grün mit ein wenig Gelb mischen, wobei es dennoch Grün bleibt und weiterhin in der grünen Farbfamilie liegt. Leichter gesagt: Alle Rottöne gehören zur Farbfamilie Rot, sämtliche Brauntöne zur Farbfamilie Braun und so weiter.

8 Wenn du dein Obst und Gemüse vor dir liegen hast, sieh dir deren Struktur genauer an. Ein Apfel ist glatt, Möhren haben eine leicht wellige Struktur, wogegen beim Porree sehr feine Linien sichtbar sind. Versuche dein Bild mit solchen Details zum Leben zu erwecken. Aber auch meine legendären Pünktchen verleihen dem Motiv den letzten Schliff. So kannst du dich schon jetzt über deine Ernte freuen!

Röhricht

Ein großflächiges Landschaftsbild ist sehr inspirierend, hierbei verlasse ich aber etwas meine Komfortzone. Die Schwierigkeit bei dieser Nass-in-nass-Technik ist, die zufällige Pigmentverteilung im Wasser zur richtigen Zeit kreativ zu nutzen zu wissen. Vieles ist dabei unvorhersehbar und genau das macht die Technik so faszinierend und spannend. Entschieden habe ich mich für einen Blick in eine Seenlandschaft, in deren Vordergrund Schilf und andere Pflanzen aus dem Röhricht zu sehen sind. Das Röhricht gehört übrigens zu den besonders geschützten Biotopen.

MEINE FARBPALETTE

- Tiefsee Violett **(951)**
- Tundra Rosa **(982)**
- Vulkan Orange **(912)**
- Nebel Schwarz **(970)**

SONSTIGES

- zwei Wassergläser
- Abtropftuch
- Radiergummi
- Lineal
- Kreiszeichner

MATERIALIEN

PAPIER

- Hahnemühle The Collection – Watercolour, cold pressed, 300 g/qm, 24 x 32 cm

PINSEL

- Rundpinsel Gr. 6
- Minipinsel Gr. 0/3
- Schlepperpinsel Gr. 0/3

STIFTE

- Bleistift HB

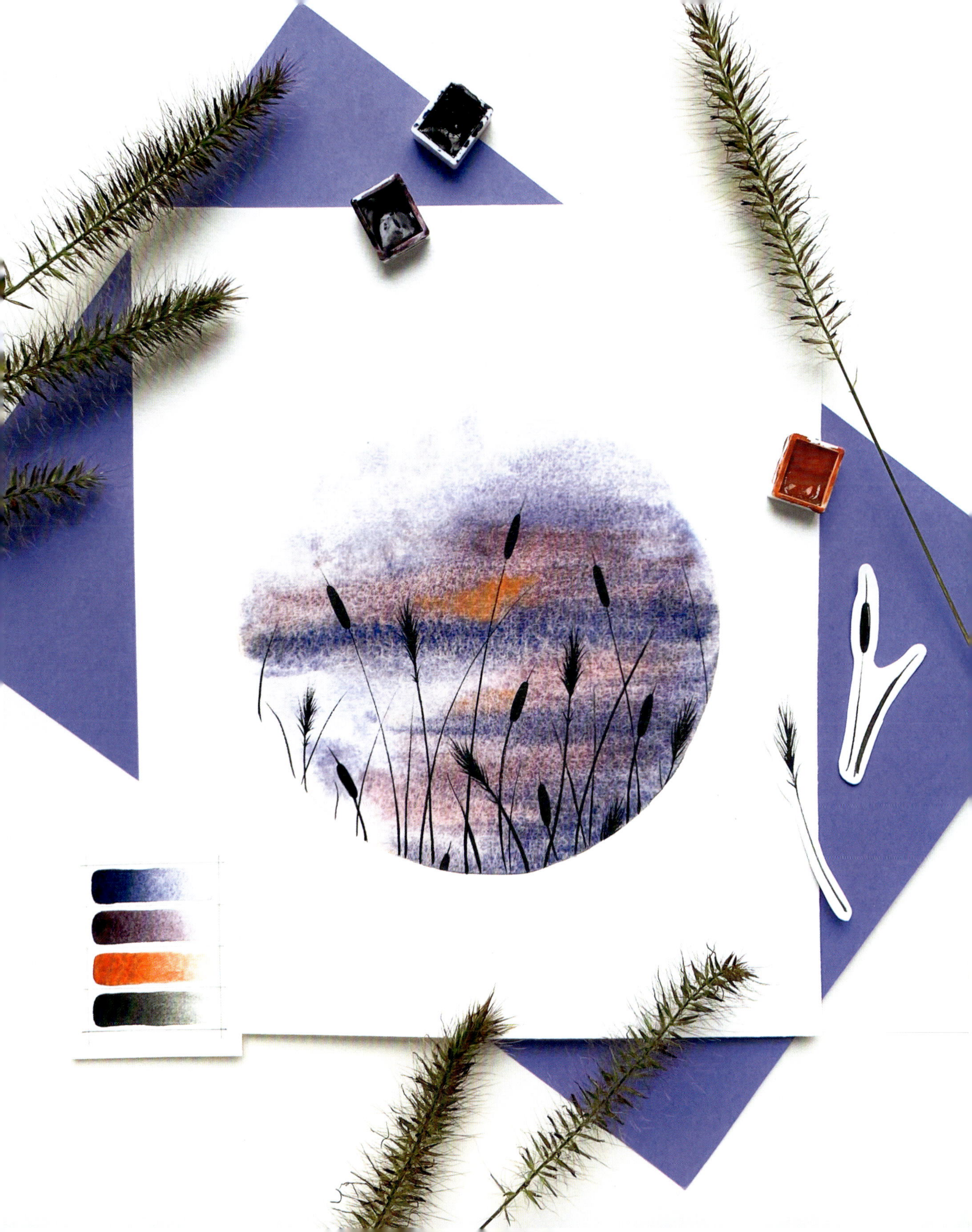

So geht's

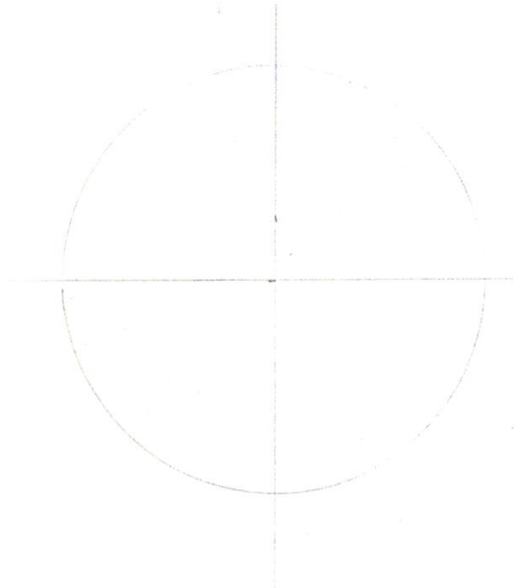

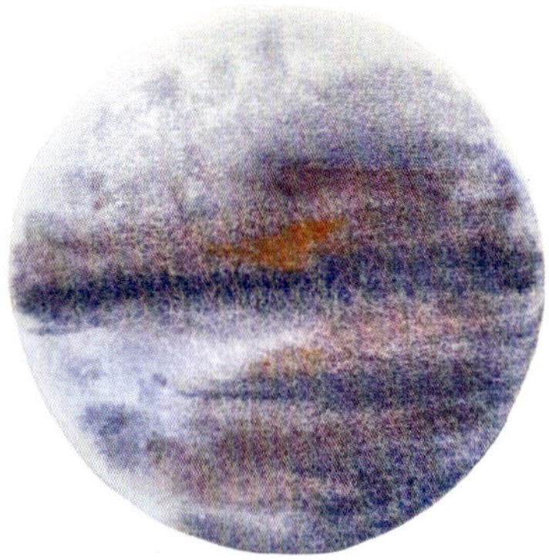

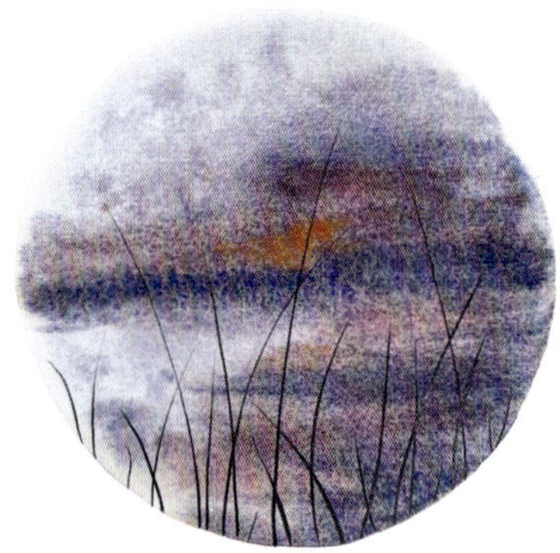

1 Miss den Mittelpunkt deines Blattes aus und markiere diesen vorsichtig mit einem HB-Bleistift. Setze dann den Mittelpunkt deines Kreiszeichners auf den Blattmittelpunkt und ziehe einen großen Kreis, in dem dein Motiv entstehen soll. Bevor du mit dem Landschaftsbild beginnst, probiere deine Farben zuerst auf einem Schmierblatt aus und übe, Verläufe mit Wasser und Farbe zu kreieren. Mische dann deine Farben auf deiner Mischpalette fertig an. Wenn du nicht direkt auf einem geleimten Block malst, fixiere dein Papier mit Kreppband auf einem Malgrund (z. B. Lightpad, Pappe etc.), so entstehen keine unschönen Wellen am Rand.

2 Oberhalb der horizontalen Linie befindet sich der Himmel, unterhalb die Wasserspiegelung. Trage mit einem großen Pinsel ausreichend Wasser auf den gesamten Kreis auf. Nun muss der gesamte Hintergrund mit Farbe benetzt werden, bevor das Wasser trocknet. Beginne mit der hellsten Farbe, hier Hellblau, und verteile es großflächig über den ganzen Kreis. Mit Dunkelblau übermalst du den waagerechten Bleistiftstrich, um die Waldlandschaft in weiter Ferne abzubilden. Vom rechten Rand des Kreises ziehst du kurze Striche hinein, die Bäume am Ufer andeuten sollen. In die helle Wasseroberfläche im unteren Teil kann man einen höheren Tonwert des Blaus eintupfen, um Wolken darzustellen. Platziere Violett im Himmelteil sowie auf der Wasserspiegelung. Verwische die Farbe mit deinem Pinsel, damit sie sich mit dem vorigen Blauton vermischt. Tupfe zum Schluss als Sonnenuntergang ein kräftiges Orange ziemlich in der Mitte über den Wald. Dieser spiegelt sich auch im Wasser, nur wesentlich dezenter.

3 Wenn die Landschaft komplett trocken ist, kannst du dem Bild noch mehr Tiefe verleihen. Male dazu mit einem dünnen Schlepperpinsel und sehr hochpigmentierter Farbe kleine Striche, die nach oben hin dünn auslaufen; ich entschied mich für ein Schwarz. Diese können sich kreuzen, im Wind hin und her schwingen, mal kürzer und mal länger sein.

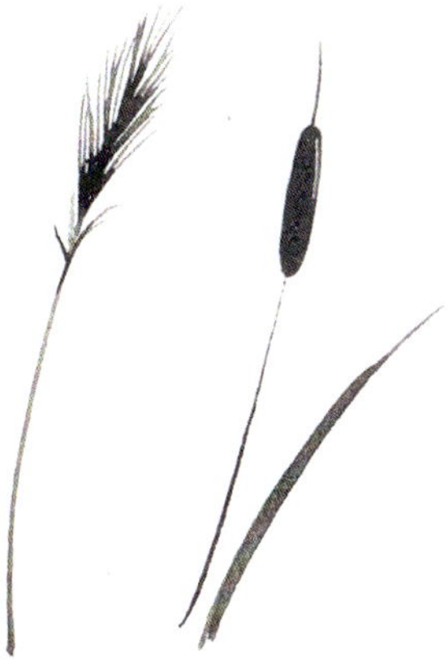

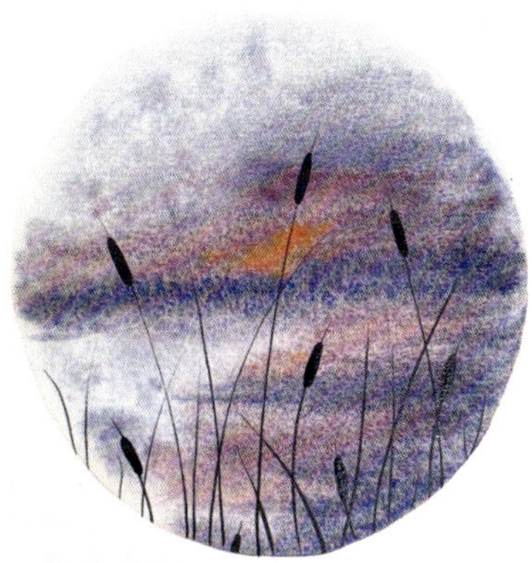

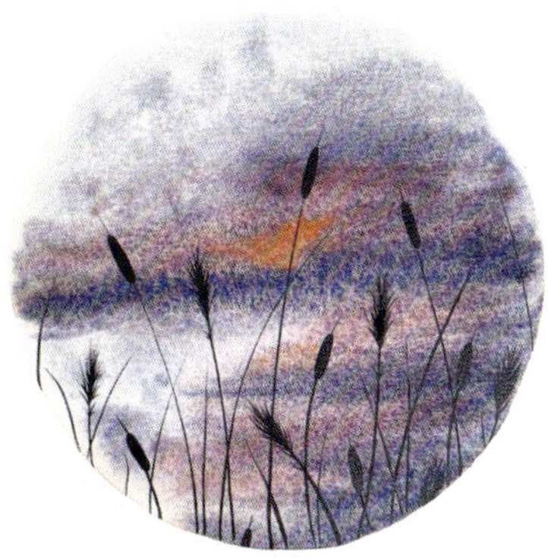

4 Übe auf einem Schmierblatt, dein Schilfgras und deine Rohrkolben zu malen. Denn wenn einmal schwarze Pigmente auf deiner Landschaft drauf sind, ist dies schwer wieder zu retten. Benutze bei beiden Motiven einen Minipinsel. Beim Schilfgras setzt du am oberen Stiel immer wiederkehrende kleine, feine Striche. Für den Rohrkolben malst du ein längliches Oval mit einer feinen Spitze, die nach oben zeigt.

5 Entscheide dich für dein erstes Ufergras, und male davon einige in deine Landschaft. Hier gilt die Regel: Weniger ist mehr, übertreib es nicht. Wenn du Rohrkolben malst, setze diese in unterschiedlichen Höhen, das wirkt natürlicher.

6 Nun male deine zweite Ufergrasart und setze es dort ein, wo du das Gefühl hast, dass es gut hinpasst. Durch den Kontrast zwischen verschwommenem Hintergrund und sehr dunklen Details im Vordergrund erhält dein Landschaftsbild eine faszinierende Tiefe.

Tipp

Für ein besonderes Highlight im Bild kannst du mit einem weißen Gelstift einige Details einfügen. Weiße Punkte am Himmel könnten die ersten aufblinkenden Sterne sein, oder bau ein paar Halme und Gräser in Weiß mit ein, so bildet sich ein toller Schwarz-Weiß-Kontrast!

Ginkgo

Ans Ende des Buchs wollte ich ein Motiv mit eher typischer Boho-Farbkombination stellen. In meiner unmittelbaren Nachbarschaft stehen zwei Ginkgo-Bäume. Von Frühling bis Herbst bin ich immer wieder fasziniert von deren Schönheit. Der Ginkgo zählt zu den ältesten Bäumen auf der Erde und ist als Zierbaum rund um den Globus sehr beliebt. Durch die fächerartige, zweigeteilte Form der Blätter und ihre sehr auffälligen goldgelben Farben im Herbst wirkt der Ginkgobaum wie ein Leuchtfeuer in den Vorgärten.

MEINE FARBPALETTE

Vulkan Gelb **(911)**

Wüsten Gelb **(921)**

Inca Gold **(Coliro)**

SONSTIGES

- Wasserglas
- Abtropftuch
- Radiergummi
- Lineal

MATERIALIEN

PAPIER

- Hahnemühle The Collection – Watercolour, cold pressed, 300 g/qm, 24 x 32 cm

PINSEL

- Rundpinsel Gr. 4, 1
- Verwaschpinsel Gr. 2/0
- Schlepperpinsel Gr. 0/3

STIFTE

- Bleistift HB

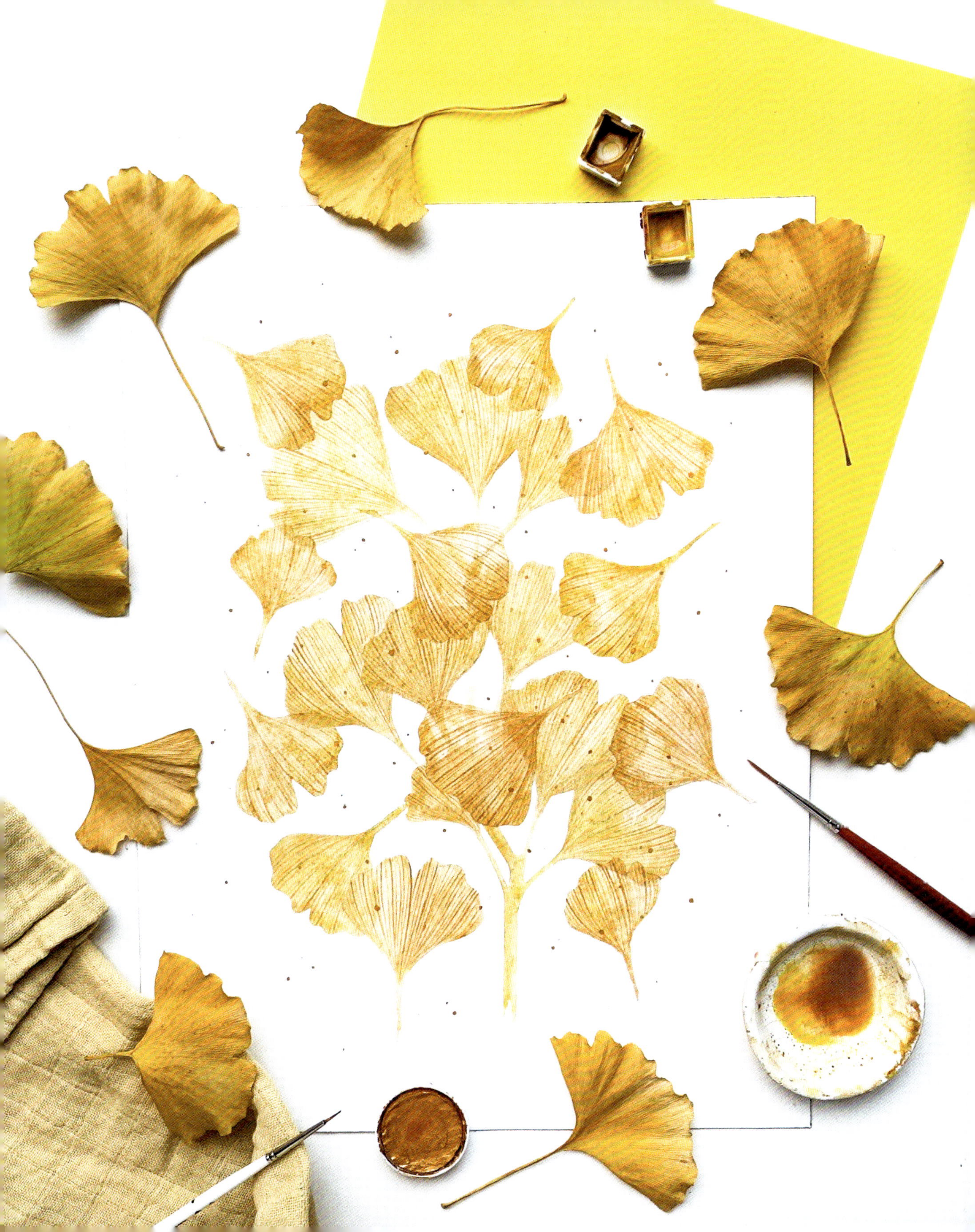

So geht's

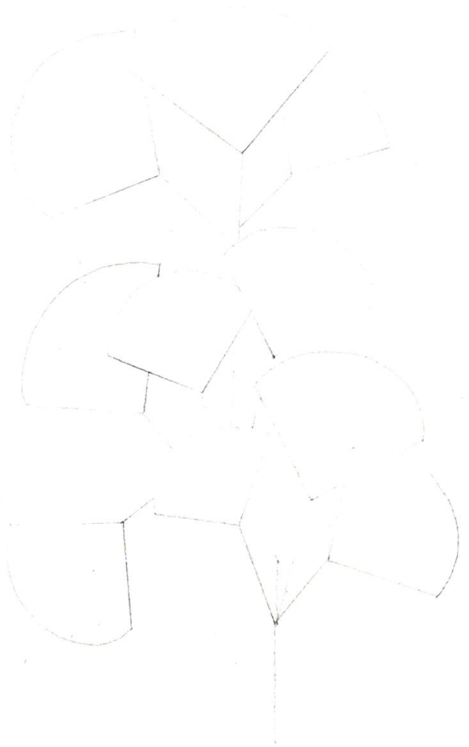

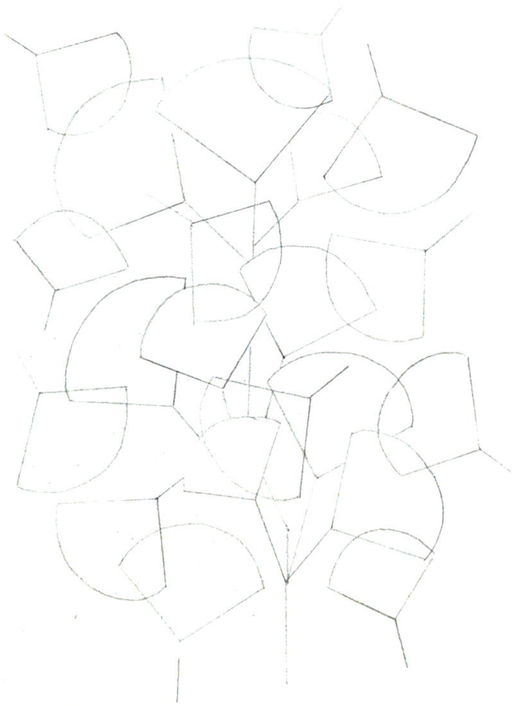

1 Denke für deine Vorzeichnung wieder an geometrische Formen: Ein Ginkgoblatt sieht ein bisschen aus wie ein Dreieck. Zeichne einen senkrechten Stiel und zweige oben ein paar weitere ab. Für das erste Ginkgoblatt solltest du vom Stiel ausgehend zwei gerade Linien in etwa einem rechten Winkel zueinander zeichnen. Ich habe den Winkel allerdings nie ausgemessen, sondern immer nach Gefühl skizziert. Statt der dritten Seite deines Dreiecks setzt du einen flachen Halbkreis, der die beiden vorigen verbindet, sodass eine geschlossene Form entsteht. So gehst du für alle weiteren Blätter vor, die an deinem Zweig entstehen sollen.

2 Da die Ginkgoblätter erst im Herbst goldgelb werden, habe ich mir überlegt, zusätzlich ein paar herunterfallende Blätter dazuzumalen. Da der Wind die Blätter fliegen lässt, können diese in allen Ausrichtungen gezeichnet werden. Um den Lasur-Effekt gleich anwenden zu können, wäre es schön, wenn die fallenden Ginkgoblätter die anderen Blätter am Zweig leicht berühren. Bedenke auch, dass deine Blätter durch einen Windstoß auch vor dem Zweig vorbeifliegen könnten. Skizziere einfach nach Gefühl dort welche ein, wo du meinst, dass welche hinpassen würden. Achte bei diesem Schritt auch ein wenig auf deinen Weißraum, der möglichst ausgeglichen wirken sollte.

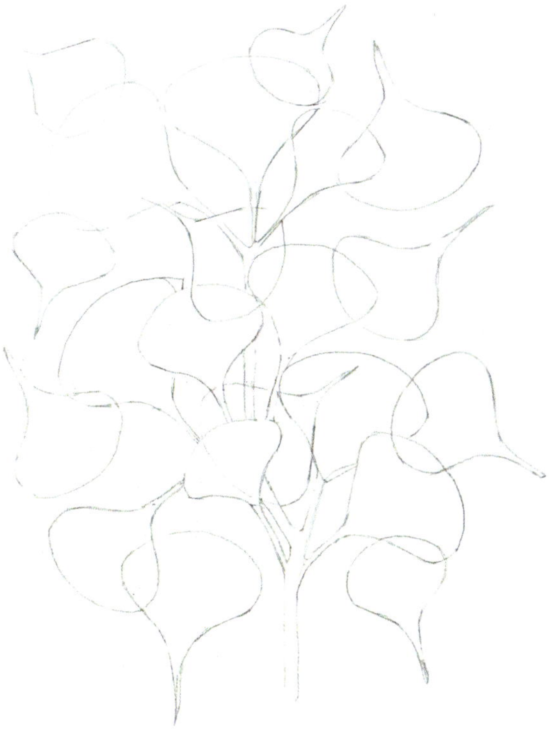

3 Wenn du mit der Anordnung der Blätter auf deiner anfänglichen Skizze vorerst zufrieden bist, kannst du dem Ginkgoblatt seine typischen Rundungen verpassen. Runde die eckigen Dreiecksspitzen ab und verdicke den Stiel des Blattes. Radiere dabei überschüssige Linien aus, um besser den Überblick zu behalten.

4 Zu guter Letzt kannst du die Wellen am oberen Rand des Ginkgoblattes hinzufügen. Typisch ist auch die mittige, etwas tiefere Einkerbung, die aber nicht zwanghaft vorkommen muss. Weitere Unebenheiten kannst du nach Gefühl einarbeiten, lass nur keine harten Kanten übrig. Fertig ist deine Skizze! Und auch hier sollte man, trotz der vielen Bemühung, diese nun leicht mit einem Radiergummi aufhellen.

Weiter geht's

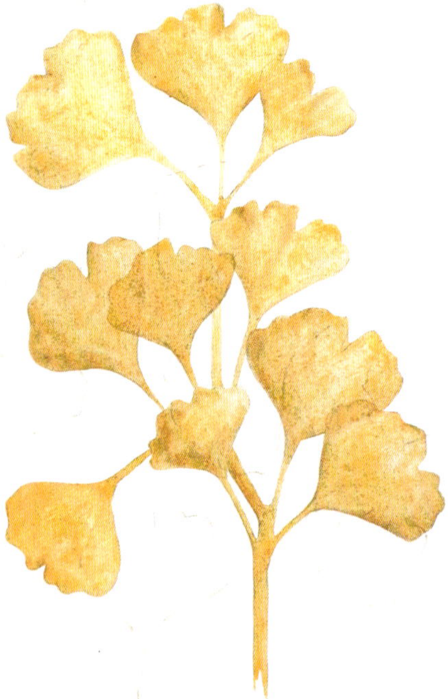

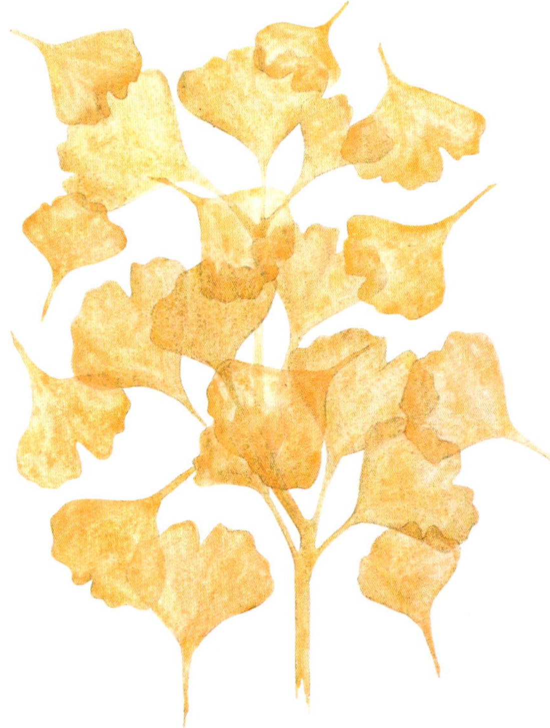

5 Mische deine Farbe in einer Mischpalette an. Ich entschied mich für ein Gelb-Ocker-Gold-gemisch. Rühre genügend Farbe an, denn du wirst so einige benötigen. Beginne am obersten Blatt des Zweiges und grundiere den kompletten Zweig und seine Blätter. Nutze dafür einen größeren Rund- oder Verwaschpinsel. Wenn deine Skizze hier überlappende Blätter vorsieht, lass das untere Blatt erst komplett trocknen, bevor du das darüberliegende grundierst. Wie genau du lasierst, erkläre ich dir in Schritt 6.

6 Nun kommen die fliegenden Blätter an die Reihe, die alle mit anderen Blättern überlappen. Am besten gelingt es dir, diesen Effekt umzusetzen, wenn du erstmal den Teil des Blattes grundierst, der bisher noch auf weißem Papier liegt. Nimm nun einen Rundpinsel mit einem hellen Tonwert deiner angemischten Farbe und male sehr vorsichtig und gleichmäßig über die schon durch ein anderes Blatt ausgemalten Stellen. Achte dabei darauf, dass du nicht zu oft über dieselbe Stelle gehst, sonst löst du die unteren Pigmente wieder an. So kann man letztendlich beide Kanten der Blätter sehen.

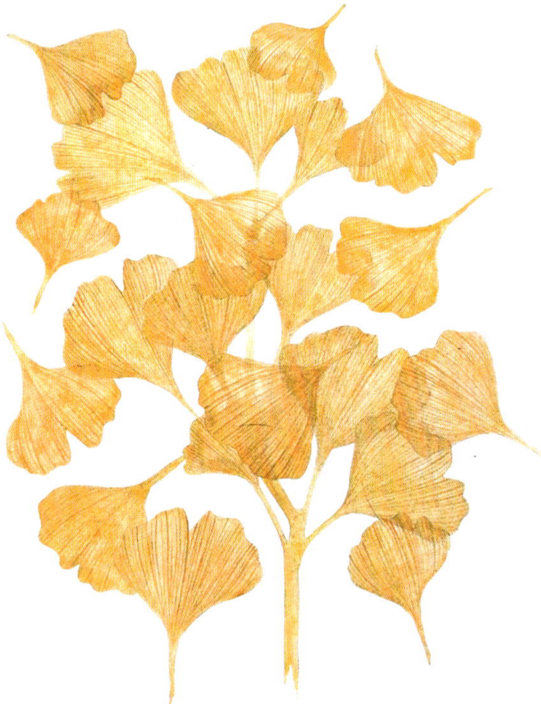

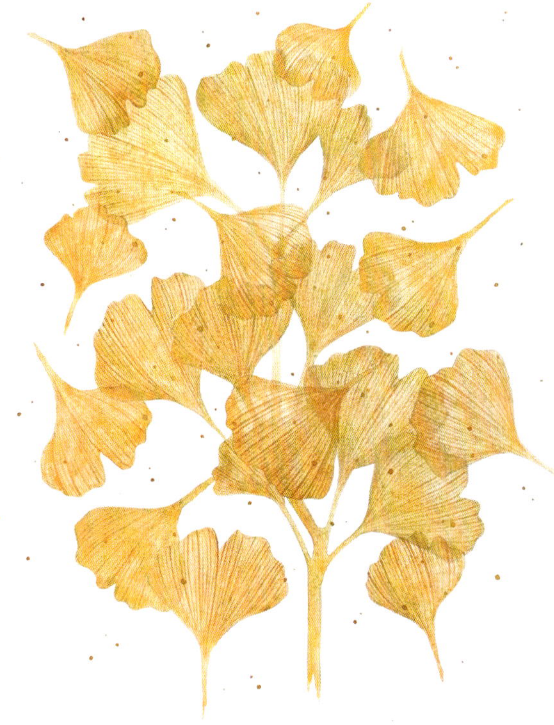

7 Sobald alles gut getrocknet ist, mische mehr Pigmente in deine Mischpalette, sodass ein kontrastreicherer Ton entsteht. Mit einem Schlepperpinsel kannst du Farbe aufnehmen, diese am Rand der Mischpalette leicht abstreifen und auf den einzelnen Ginkgoblättern als feine Linien vom Rand in Richtung Stiel ziehen, um den Blättern Struktur zu geben.

8 Du weißt mittlerweile, dass ich am Ende gerne Pünktchen als Gestaltungsmittel mit einbaue. Auch in diesem Fall habe ich das getan, nur mit dem Unterschied, dass ich die Pünktchen auch gezielt außerhalb der Motive in den dafür geeigneten Weißräumen gesetzt habe. Fertig ist dein Ginkgozweig mit vom Winde verwehten, herabfallenden Blättern!

Über die Autorin

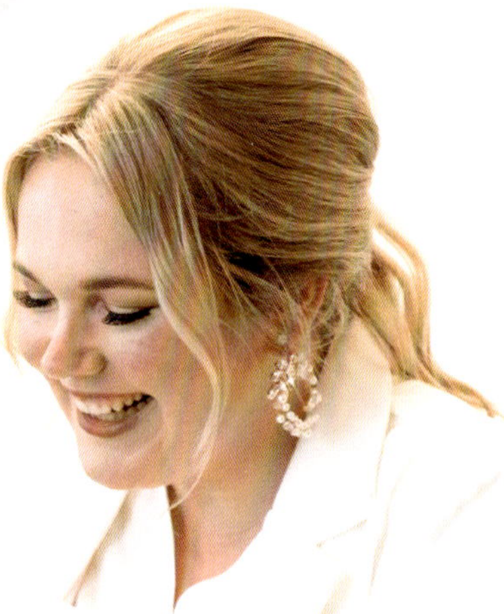

Vanessa May, alias @mrs.may auf Instagram, ist ihr ganzes Leben schon kreativ gewesen. Sie absolvierte eine Ausbildung zur Mediengestalterin, war nebenberuflich Hochzeitsfotografin und hat über die Zeit ihre Leidenschaft zur Aquarellmalerei entdeckt. Heute arbeitet sie als Tagesmutter in Norddeutschland, genießt ihr Familienglück und erfreut sich an den schönen Dingen des Lebens. Vor allem botanische Illustrationen wie einzelne Blumen, Bouquets und feine Blumenkränze haben es ihr angetan. Besondere Aufmerksamkeit widmet sie feinen Details und Schatten in ihren Aquarell-Illustrationen. Seit einiger Zeit gibt Vanessa May auch Schritt-für-Schritt-Workshops zu ihren Motiven. Hierbei liegt der Fokus auf nachvollziehbaren Anleitungen, denn das Malen soll den Teilnehmer*innen vor allem Spaß machen. Mit ihrem Buch möchte sie auf eine Kreativreise einladen und ihre Begeisterung fürs Malen weiter übertragen.

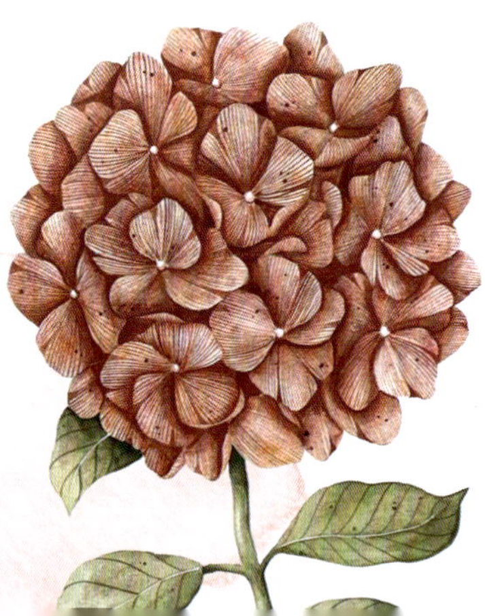

Danksagung

Zuallererst geht ein großes Dankeschön an meinen Verlag. Vielen Dank, lieber EMF-Verlag, für das mir entgegengebrachte Vertrauen. Ich bin wahnsinnig glücklich und dankbar, dass ihr mir die Chance gegeben habt, andere Menschen mit diesem Buch zu ermutigen, selbst kreativ zu werden.

Danke an den besten Ehemann und Papa meines Sohnes, der mich bekräftigt hat, dieses große Projekt anzunehmen, und mir in der stressigen Endphase den Rücken freigehalten hat. Auch an meinen Sohn, der mir die Welt aus anderen Blickwinkeln zeigt, mich auf Ideen gebracht hat, auf die ich so nicht gekommen wäre, und dafür, dass du zur richtigen Zeit gut zu Mittag geschlafen hast.

Natürlich geht mein Dank auch an alle Leserinnen und Leser, die das Thema genauso interessiert hat wie mich und die das Buch letztendlich erworben haben.

Meinen Eltern widme ich dieses Buch, denn sie haben beide immer an mich geglaubt, mich unterstützt und mich immer ermutigt, meinen eigenen Weg zu finden, und mich diesen auch gehen lassen.

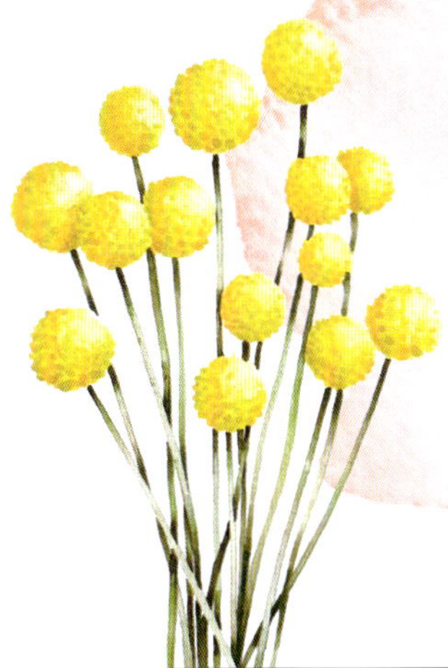

Impressum

Bibliografische Information der Deutschen Bibliothek.

Die Deutsche Bibliothek verzeichnet diese Publikation in der Deutschen Nationalbibliografie.

Detaillierte bibliografische Daten sind im Internet über http://www.dnb.de/ abrufbar.

EIN BUCH DER EDITION MICHAEL FISCHER

1. Auflage 2024

Donnersbergstr. 7, 86859 Igling

Covergestaltung: Sarah Lukic

Redaktion und Lektorat: Anneliese Roth

Layout: Sarah Lukic

Bildnachweis:

Alle Fotos und Illustrationen © Vanessa May.
Portrait S. 4: © Vivien Fotografie.

Umschlag: Watercolor-Kreis: © Shutterstock/Rudchenko Liliia; Watercolor-Fleck: © Shutterstock/AnjeseAnna; Hintergrundstruktur: © Shutterstock/Texture background wall.

Innenteil: Aufzählungszeichen S. 9, 11–14, 49: Rudchenko Liliia; Watercolor-Zierelemente S. 2–3, 22, 24–26, 28–30, 32–34, 36–40, 42–44, 46–48, 50, 52–54, 56–58, 60–62, 64–68, 70–74, 76–80, 82–86, 88–98, 100–104, 106–110, 112–116, 118–120, 122–125: © Shutterstock/MG Drachal.

ISBN 978-3-7459-2203-5

Gedruckt bei Polygraf Print, Čapajevova 44, 08001 Prešov, Slowakei

www.emf-verlag.de